나는 월급날, 비트코인을 산다!

나는 월급날, 비트코인을 산다!

초판 1쇄 인쇄 2024년 1월 15일
초판 3쇄 발행 2024년 3월 20일

지은이 • 봉현이형
발행인 • 강혜진
발행처 • 진서원
등록 • 제 2012-000384호 2012년 12월 4일
주소 • (03938) 서울시 마포구 동교로 44-3 진서원빌딩 3층
대표전화 • (02) 3143-6353 | **팩스** • (02) 3143-6354
홈페이지 • www.jinswon.co.kr | **이메일** • service@jinswon.co.kr

책임편집 • 임지영 | **마케팅** • 강성우, 문수연 | **경영지원** • 지경진
표지 및 내지 디자인 • 디박스 | **종이** • 다올페이퍼 | **인쇄** • 보광문화사

ISBN 979-11-983998-8-5 13320
진서원 도서번호 22003
값 20,000원

나는 월급날, 비트코인을 산다!

월 5천원부터 가능! 속 편한 비트코인 적립식 투자법

봉현이형 지음

진원

프롤로그

10년 가까이
비트코인 적립식 투자를 해온
봉현이형의
투자원칙 공개!

2016년 비트코인을 처음 알게 된 그날,
나만의 투자원칙이 시작되었다!

비트코인을 처음 접한 건 2016년 10월 장충동 신라호텔에서 열린 '매일경제 세계지식포럼'에서였다. 다가올 4차산업 시대를 이끌어갈 기업과 새로운 기술을 소개하는 행사에서 앞으로 어떤 회사에 투자하는 게 유망한지를 묻는 청중의 질문에 실리콘밸리 투자의 귀재라고 불리는 한 연사는 발행량이 2,100만 개로 고정되어 있는 디지털화폐 '비트코인'을 언급했다.

나는 곧바로 네이버 검색에 들어갔다. '인터넷 암시장에서 온라인 가상화폐 비트코인으로 마약을 구입한 유학생 등 내국인 80명이 경찰에 무더기로 잡혔으며 비트코인 시세는 70만원을 넘었다.' 라는 기사가 가장 먼저 눈에 띄었다.

'가상화폐'? 조금 의아했다. 우리가 쓰고 있는 돈 말고 다른 돈이 세상에 또 있는 건가? '메이플 스토리'나 '리니지' 같은 게임 머니를 말하는 건가? 그건 그렇고 어떻게 정부가 아닌 민간에서 화폐를 발행할 수 있지? 그걸 누가 보증해준다고? 그리고 중개자 없이 자율적으로 거래할 수 있다는 건 무슨 뜻일까? 중개자는 또 누군데? 그런데 코인은 또 종류가 왜 이렇게 많은 거야?

도무지 이해할 수 없는 내용뿐이었다. 돌아보면 학교나 학원, 기타 교육과정 어디에서도 '돈의 본질'에 대해 배운 적이 없었기 때문에 비트코인에 대해 이해할 수 없는 건 당연했다. 시키는 일만 열심히 하면 인정받을 수 있는 환경에서 살아온 내 입장에서 그냥 넘어갈 수도 있었지만 비트코인을 설명하던 연사의 눈빛과 진지한 태도가 계속 마음에 걸렸다.

"혹시 우리 부장님도, 팀장님도 모르는
무언가가 있는 건 아닐까?"

좋은 학벌, 화려한 커리어에 이렇게 큰 행사에서 인사이트 있는

강연을 펼치는 사람이 어쩌다가 저런 실체가 없는 곳에 큰돈을 투자하게 된 걸까? 만약 내가 바보가 아니라면 저 사람이 바보라는 건데…. 사회에서 이룬 객관적인 성취들을 비교해보면 내가 바보일 확률이 더 높아 보였다.

"혹시 잘될지도 모르니까 공부라도 한번 해볼까?"

부정적인 비트코인 전망들, 그래도 공부하고 싶었다!

비트코인을 본격적으로 공부해보기로 마음먹었지만 어디서부터 시작해야 할지 감이 오지 않았다. 당시에는 비트코인이라는 단어를 들어본 사람조차 주변에 거의 없었고 블록체인이랑 비트코인이 무슨 차이인지 설명을 들어도 잘 이해가 되질 않았다. 국내외 메이저 언론에 언급되는 기사들도 대부분 부정적이라 사람들 앞에서 비트코인 이야기를 꺼내기조차 힘든 분위기였다.

간혹 저명한 지식인, 금융 전문가가 언급하는 경우도 있었는데 '자세히는 모르겠지만'이라는 인트로와 함께 대부분 부정적으로 비트코인의 미래를 전망했다.

"블록체인 기술이 좋은 거지
가상화폐는 아무런 가치가 없어요."

그럼에도 불구하고 공부를 해봐야겠다는 생각에 유튜브와 해외 블로그를 찾아 헤맸고 투자 측면에서 시행착오도 많이 겪었다. 데이터를 블록에 담아 체인으로 연결하고 분산해서 기록을 보관하는 블록체인, 이 분산원장 기술과 암호화 기술을 디지털화폐에 적용한 비트코인, 그 외 알트코인이라 불리는 여러 프로젝트를 공부하면서 막연한 두려움과 부정적 인식을 지워 나갔다. 그리고 몇 차례 우여곡절을 더 겪은 끝에 디지털자산에 대해 확신을 갖게 되면서 현재는 비트코인을 월급날마다 적립식으로 꾸준히 매수하고 있다.

봉현이형 투자원칙
'수요가 지속되고 공급이 제한적인 자산에 투자한다'

사람들은 본인이 알고 있는 사실과 다른 새로운 현상을 마주했을 때 보통 두 가지 반응을 보인다. 현상의 크기가 작을 때는 무시로 일관하지만 현상이 점점 커지면 인지 부조화를 해소하기 위해 부정적인 입장을 취하고 더 나아가 그 대상을 없애려고까지 한다. 이건 낯선 사람이나 새로운 문화를 대할 때도 마찬가지다.

"학교에서 가르쳐주지 않는 건 다 이유가 있는 거야."
"남들처럼 부동산 하나 사서 원리금 갚고
회사에 집중하는 게 돈 버는 거다."

2008년 10월 31일, '비트코인 백서' 등장 이후 지난 15년간 벌어진 디지털자산 시장의 광기를 목격한 대다수의 한국 사람들은 암호화폐에 대해 부정적이다. 부동산이나 골드바가 가치를 갖는 건 본능적으로 이해가 되는데 물리적 실체 없는 대상이 가치를 갖는 현상은 처음이라 낯설고 납득이 안 된다. 그래서 일단 외면하게 된다.

매일 출퇴근해야 하는 우리는 새로운 현상에 대해 공부할 체력도, 시간도, 마음의 여유도 없다. 따라서 이런 반응은 당연하다. 투자 전문가라고 불리는 사람 중에는 "주식이나 부동산으로도 충분히 돈을 벌 수 있는데, 굳이 비트코인까지 공부할 필요가 있는지 모르겠다."라고 말하는 사람도 많다.

"그럼에도 불구하고 우리는 왜 암호화폐,
특히 비트코인에 대해 공부하고 투자해야 할까?"

오늘날 중앙은행이 발행하는 화폐는 '가치 저장'이라는 돈의 가장 중요한 기능을 잃은 지 오래다. 지난 10년 동안 5% 예금 통장에 있던 1,000원은 복리의 마법으로 1,600원이 됐지만, 같은 기간 김밥 한 줄이 1,000원에서 4,000원으로 오른 걸 보면 알 수 있다. 열심히 일해서 받은 월급을 은행에 맡기고 풍차를 몇 바퀴 돌려도 결국 이자보다 빠른 속도로 인플레이션이 발생해서 우리의 구매력을 갉아먹는다.

"시중은행에 예금을 하면 이자를 받더라도
물가가 더 올라서 가치가 떨어지는구나."

이 사실을 일찍 깨달은 윗세대 분들은 부동산을 매수했고, 당시 갭 투자할 돈이 없던 사회 초년생 시절 나는 국내외 우량 주식을 매수했다. 소중한 내 월급을, 한 번뿐인 내 인생을 지키고 싶은 간절한 마음이었다.

"수요가 지속되고 공급이 제한적인 자산의 가치는 상승한다."

윗세대가 강남 아파트에 투자했다면, 우리가 투자할 자산은 무엇인가?

구매력 보존에서 더 나아가 한 번뿐인 소중한 인생을 자유롭게 누리려면 나는 어떻게 해야 할까? 같은 기간 주식이나 부동산보다 수요가 더 많이 늘어나고, 공급이 제한적인 자산을 매수한다면 구매력은 더 빠르게 늘어나지 않을까? 앞으로 우리가 살아갈 세상에서는 어떤 자산이 수요가 늘어날까?

공부와 고민, 시행착오를 거듭한 끝에 내 투자원칙에 부합하는 최상위 레벨의 자산, 디지털 공간에서 2,100만 개로 희소성을 완벽하게 구현함과 동시에 전 세계 80억 인구 모두 접근 가능하며, 온라인으로 초연결된 세상에서 빠른 속도로 수요가 늘어나고 있는 비트코인을 포트폴리오에 추가했다.

"갈등과 분열의 시대, 가치관이 파편화된 세상을 살아가는 우리에게 비트코인은 중요한 자산이다."

평범한 월급쟁이가 10년 가까이 공부한 결과물
초보자 맞춤 비트코인 적립 투자서!

통화 팽창으로 발생한 인플레이션, 복지 확대 및 적극적 증세 환경, IT 통신 기술 발달로 권한이 더 강해지고 있는 각국 정부, 기후변화와 자연재해, 러시아-우크라이나, 이스라엘-팔레스타인 전쟁 등 세계 곳곳에서 상존하는 지정학적 위기, 미중 패권 다툼과 탈세계화 움직임….

가치관이 파편화된 세상, 갈등과 분열의 시대를 살아가게 될 우리에게 비트코인 적립식 투자가 왜 필요한지, 부동산과 주식을 이미 보유한 자산가라면 비트코인을 포트폴리오에 추가하는 게 왜 중요한지, 그 외 수많은 위기 상황에서 비트코인과 암호화폐가 어떻게 전 세계인에게 대안이 될 수 있는지를 평범한 직장인의 시각에서 암호화폐 업계와 무관한 사람의 언어로 풀어보고자 한다.

비트코인과 관련된 책은 시중에 이미 많이 있으나 어떤 것은 너무 어렵고, 어떤 건 단순히 정보를 나열하는 데 그쳐서 투자 판단을 내리는 데는 오히려 방해가 된다. 신문이나 뉴스를 보면 기사를 작성하는 기자조차도 비트코인과 알트코인의 차이를 모를뿐더러, 제대로 읽지도 않은 채 부정적인 댓글로 여론을 호도하는 사람들도 부지기수다.

유튜브나 구글에 검색하면 쉽게 접할 수 있는 자료들은 파편화 되어 있어 보통의 하루를 살아가는 평범한 사람이 전체적인 흐름을 단시간에 파악하기에는 여전히 어려워 보인다.

"진리는 언제나 간결하다."

이 문장은 인생을 살아가는 데 있어서도, 투자를 하는 데 있어서도 통용되는 말이다. 진리는 간결하고 누구나 쉽게 이해할 수 있어야 한다. 삼성전자, 애플, 테슬라가 좋은 회사인 이유, 강남 아파트가 좋은 자산인 이유는 직관적으로 이해할 수 있다.

새로운 시대의 디지털자산 비트코인도 그 정도로 쉽게 설명하고 이해시킬 수 있어야 한다. 대한민국 대표 제조기업 마케팅부서에 근무 중인 내가 평범한 직장인의 시선에서 이야기하는 게 어쩌면 더 많은 사람을 설득할 수 있을 거라 생각한다.

이 책 한 권으로 비트코인이나 암호화폐 시장 전부를 이해하는 것은 사실 불가능하다. 다만, 봉현이형을 통해 비트코인에 대한 기초지식과 투자에 대한 방향을 잡고 앞으로 비트코인이 우리 일상에 어떻게 적용되고 펼쳐질지 상상할 수 있다면 충분하다고 생각한다. 그 외 난이도 높은 내용은 다른 채널을 통해 추가 학습하고 사고를 확장하는 걸 추천한다.

월급쟁이 봉현이형의 비트코인 투자 이야기를 시작하기에 앞서, 해박하고 귀한 지식을 아낌없이 나눠주시는 '지혜의 족보' 오태민 님,《웹 3.0 사용설명서》저자 백훈종 님, 그 외 비트코인의 가치를 알리는 데 헌신하고 계신 아토믹 님, 네딸바 님, 신박한 신박사 님, 사운드머니TV 님, 1분 비트코인 님, 생각의 유산 TV 님, 롸브샷 님 등 다양한 SNS 채널을 통해 활동 중인 여러 인플루언서 분들께도 이 기회를 빌려 감사 인사를 올리고 싶다. 비트코인에 대한 나만의 원칙과 철학을 세우는 데 많은 도움을 주신 귀한 분들이다.

활자만 가지고 독자와 공감대를 형성하는 건 어려운 일이지만 나는 내 위치에서 최선을 다할 생각이다. 내가 하는 모든 행위가 많은 사람에게 가치 있는 일이 됐으면 좋겠다.

봉현이형

목차

2부

나도 월급날 비트코인에 투자하려면?　120

1부

비트코인, 특이점이 다가온다!
(ft. 가상화폐의 오해와 진실)

비트코인이 뭐냐고
묻는 당신에게

 "봉현이형, 뉴스에 많이 나와서 단어는 익숙한데 아
직도 이해는 안 돼요. 도대체 비트코인이 뭐예요?"

 "그렇죠. 비트코인 좀 어렵죠? 음, 그런데 비트코인
은… 그냥 비트코인이에요!"

사회 생활하는 사람들 대부분 '비트코인'이라는 단어는 들어봤을
것이다. 긍정적이든 부정적이든 잊힐 만하면 신문이나 뉴스에서 주
기적으로 언급된다. 수십억원을 벌어서 퇴사했다는 젊은 직원 이
야기, 투자 실패로 잘못된 선택을 한 일가족 이야기가 한두 다리 건
너 내 귀에까지 들어온다. 엘살바도르라는 낯선 나라에서는 비트코

인을 법정통화로 채택했다는 이야기가 있던데 그런 선택을 한 젊은 대통령이 도무지 이해되지 않지만 알아볼 시간도 없고 관심도 없어서 무심코 넘어간 기억이 있다.[*] 여전히 말도 많고 탈도 많은 비트코인, 도대체 비트코인은 뭘까?

비트코인 창조자는 사토시 나카모토

비트코인은 사토시 나카모토(Satoshi Nakamoto)라는 일본식 필명을 사용하는 익명의 개인 또는 그룹에 의해 탄생한 전자화폐다. 신원을 밝히지 않고 온라인에서만 활동하다 2010년대 초반에 사라졌기 때문에 그가 누군지, 몇 명인지 정확하게 알 수 없다. 다만, 그가 남긴 흔적들을 바탕으로 암호학(Cryptography)과 화폐(Currency)에 대한 이해도가 높은 학자일 것으로 추정할 뿐이다.

2008년 10월 31일, 비트코인이 세상에 처음 등장했다. 사토시는 '비트코인, 개인 대 개인 전자현금 시스템(Bitcoin: A Peer-to-Peer Electronic Cash System)'이라는 제목의 9장짜리 문서를 웹사이트에 업로드했다. 몇 장 안 되는 이 논문을 통해 온라인상에서 어떻게 하면

● 비트코인이 세계 최초로 '국가 공인 화폐'로 인정받은 사례. 나입 부켈레(Nayib Bukele) 대통령은 2021년 6월 5일 비트코인을 엘살바도르의 법정통화로 도입하겠다는 계획을 발표하였으며, 엘살바도르 국민은 물건을 사고팔거나 세금을 내는 등 일상생활에서 비트코인을 일반 화폐처럼 사용할 수 있다.

개인과 개인이 은행과 같은 '중개 기관' 없이 그리고 '이중 지불'[*] 문제없이 가치를 주고받을 수 있는지 수학적, 기술적으로 간결하게 풀어냈다.

Bitcoin: A Peer-to-Peer Electronic Cash System

Satoshi Nakamoto
satoshin@gmx.com
www.bitcoin.org

Abstract. A purely peer-to-peer version of electronic cash would allow online payments to be sent directly from one party to another without going through a financial institution. Digital signatures provide part of the solution, but the main benefits are lost if a trusted third party is still required to prevent double-spending. We propose a solution to the double-spending problem using a peer-to-peer network. The network timestamps transactions by hashing them into an ongoing chain of hash-based proof-of-work, forming a record that cannot be changed without redoing the proof-of-work. The longest chain not only serves as proof of the sequence of events witnessed, but proof that it came from the largest pool of CPU power. As long as a majority of CPU power is controlled by nodes that are not cooperating to attack the network, they'll generate the longest chain and outpace attackers. The network itself requires minimal structure. Messages are broadcast on a best effort basis, and nodes can leave and rejoin the network at will, accepting the longest proof-of-work chain as proof of what happened while they were gone.

1. Introduction

Commerce on the Internet has come to rely almost exclusively on financial institutions serving as trusted third parties to process electronic payments. While the system works well enough for most transactions, it still suffers from the inherent weaknesses of the trust based model. Completely non-reversible transactions are not really possible, since financial institutions cannot avoid mediating disputes. The cost of mediation increases transaction costs, limiting the minimum practical transaction size and cutting off the possibility for small casual transactions, and there is a broader cost in the loss of ability to make non-reversible payments for non-reversible services. With the possibility of reversal, the need for trust spreads. Merchants must be wary of their customers, hassling them for more information than they would otherwise need. A certain percentage of fraud is accepted as unavoidable. These costs and payment uncertainties can be avoided in person by using physical currency, but no mechanism exists to make payments over a communications channel without a trusted party.

What is needed is an electronic payment system based on cryptographic proof instead of trust, allowing any two willing parties to transact directly with each other without the need for a trusted third party. Transactions that are computationally impractical to reverse would protect sellers from fraud, and routine escrow mechanisms could easily be implemented to protect buyers. In this paper, we propose a solution to the double-spending problem using a peer-to-peer distributed timestamp server to generate computational proof of the chronological order of transactions. The system is secure as long as honest nodes collectively control more CPU power than any cooperating group of attacker nodes.

사토시 나카모토가 쓴 '비트코인 백서' 첫째 페이지

● **이중 지불** : 오프라인에서 현금을 지급하는 경우 돈이 직접 이동하기 때문에 지폐가 복제되는 문제가 발생하지 않지만, 온라인의 경우 모든 거래가 데이터로 이루어지기 때문에 코드의 수정으로 이미 거래된 돈을 거래되지 않은 것처럼 속일 수 있어서 이중 지불이 될 수 있다.

여기까지 설명하면 항상 받는 질문이 있다.

'아니 그런데 개인이 화폐를 만들 수 있는 거예요?'

개인이 화폐를 만들어도 되는지에 대한 자연스러운 의구심은 잠시 접어두고, 먼저 비트코인의 주요한 2가지 특징부터 살펴보자. 그래야 비트코인의 실체를 이해하는 데 더 도움이 될 것 같다.

비트코인이 법정통화와 다른 2가지 특징

 "그래서 비트코인이 법정통화랑 다른 게 뭐예요? 실체가 없으니 감이 안 잡혀요."

 "그렇죠? 그럼 법정통화랑 다른 게 뭔지 비교해볼까 요?"

비트코인의 특징은 ① 발행량 한정, ② 위변조 불가다. 이것이 내가 비트코인에 투자하는 이유다. 만약, 바로 이해하기 어렵다면 우선 다음의 밑줄 친 내용을 암기하고 추후에 한 번 더 살펴보면 좋을 것 같다.

발행량 2,100만 개 한정

먼저, **비트코인은 우리가 사용하고 있는 법정통화와 달리 발행
량이 제한되어 있다.** 원화, 달러, 유로는 중앙정부나 중앙은행의
의지에 따라 수량이 무한대로 늘어날 수 있는 데 비해 비트코인은
2,100만 개로 발행량이 한정되어 있어 시간이 지날수록 '희소성'을
갖는다. 이러한 특징 덕분에 물리적으로 한정적이고 화학적으로 안
정적인 금에 빗대어 비트코인을 디지털 금(Digital Gold)이라고 부르
기도 한다.

위변조 불가

비트코인은 공개 키 암호화*기술과 블록체인**으로 알고 있는
분산원장 기술, 해싱,*** 작업증명(POW)**** 방식이 혼합 적용되어

- ● **공개 키 암호화(Public Key Cryptography)** : 암호화와 복호화에 사용하는 키가 서로 다른 암호화 방식. 디지털 서명이나 인터넷에서의 암호화 통신을 가능하게 만든 기술이다.
- ●● **블록체인(Block Chain)** : 블록에 데이터를 담아 체인 형태로 연결하여 수많은 컴퓨터에 동시에 복제해 저장하는 기술. 공공 거래 장부 또는 분산원장기술(Distributed Ledger Technology)이라고 부른다.
- ●●● **해싱(Hashing)** : 임의의 길이를 갖는 임의의 데이터를 고정된 길이의 데이터로 맵핑하는 단방향 함수. 어떤 숫자 값을 넣더라도 정해진 크기의 숫자가 나오는 함수다.
- ●●●● **작업증명(Proof of Work)** : 비용을 들여 수행된 컴퓨터 연산 작업을 신뢰하기 위해 참여 당사자 간에 검증하는 방식. 분산 네트워크에서는 누가 얼마의 비트코인을 받을지 결정할 중앙 권력자가 없기 때문에 단방향 함수인 해시가 역산하기 어렵다는 것에 착안하여 임의의 목표값보다 낮은 해시 함수를 가장 먼저 계산한 사람이 다음 블록(신규 비트코인)을 생성할 권한을 갖는다.

복사와 붙여넣기가 가능한 가상의 공간에서 '진위 여부'와 '소유권'을 명확하게 구분할 수 있다. 종이화폐나 전산에 있는 돈은 많은 비용을 들여 위조할 수 있지만, 비트코인은 이론적으로는 위변조가 가능하나 시행하는 데 천문학적인 금액이 발생하기에 현실적으로 불가능에 가깝다.

물론, 비트코인 시스템 코드를 복사해서 알트코인*이라고 불리는 제2, 제3의 전자화폐 시스템을 만들 수는 있지만 제1의 비트코인 개수를 늘리는 건 원천적으로 불가능하다.

신문 기사를 통해 종종 접하는 해킹 소식은 비트코인을 보관하는 사용자 또는 관리자의 부주의에 의한 '분실'이며 **비트코인 시스템이 멈추거나 해킹을 당한 이력은 전무하다.** 쉽게 비유해서 지갑에 있는 5만원권은 도둑이 훔쳐갈 수 있지만, 원화를 발행하고 유통하는 한국은행 화폐 시스템 전체를 해킹하는 건 불가능한 것과 같다.

또한, 조폐공사나 중앙은행이 발행하는 법정통화와 달리 **비트코인은 채굴자(Miner)라 불리는 개인 또는 기업에 의해 민간에서 발행된다.** 별도의 라이선스나 허가 없이 누구나 발행 시장에 자유롭게 참여할 수 있으며 비트코인을 얻기 위해서는 전기 에너지와 그래픽

● **알트코인** : 비트코인을 제외한 모든 코인을 알트코인이라고 부른다. 이더리움, 에이다, 도지코인, 솔라나 모두 알트코인이다.

카드 등 많은 비용이 소모되는데 이를 땅속에 있는 금을 캐기 위해 에너지를 쓰는 작업과 유사하다고 해서 채굴(Mining)이라고 부른다.

‖ 정부화폐와 비트코인 비교 ‖

구분	정부화폐	비트코인
발행 주체	중앙은행	누구나
성격	중앙화	탈중앙화
발행 규모	중앙은행 재량	2,100만 개 고정
단위	국가별 상이	BTC
화폐 가치	액면가	시세에 따름
기반 기술	인쇄술	블록체인
감독 방식	금융기관	블록체인 참여자
위조	가능	불가
검열저항성●	없음	있음

비트코인 첫 채굴은 2009년 1월 3일, 비트코인 창시자 사토시 나카모토 본인에 의해 단독으로 시행되었으며 최초에는 10분당 50개의 비트코인이 생성되었으나 4년마다 발행량이 반으로 감소

● **검열저항성** : 누구도 이용자의 네트워크 참여와 거래를 막을 수 없다는 뜻. 누구도 개인지갑에 보관 중인 비트코인을 동결하거나 거래를 중단시킬 수 없다.

하며* 최종적으로 2,100만 개까지만 공급되도록 프로그래밍이 되어 있다. 임의의 값을 찾아내는 행위, 더 쉬운 표현으로는 수학 문제를 풀면 그에 대한 보상으로 비트코인이 주어지는데 채굴기**와 전기요금에 더 많은 비용을 지불할수록 정답을 맞출 확률이 올라간다.

비트코인을 화폐로 인정할지 여부는 개인 또는 집단의 의사결정에 달려 있지만, 사토시는 블록체인과 암호화 기술을 활용해서 은행과 같은 전통적인 중개 기관 없이 개인과 개인이 온라인상에서 가치를 주고받을 수 있는 시스템을 구축하고자 했다.

하지만 실제 비트코인을 주고받을 때 중개인이 아예 없는 것은 아니고 '채굴자'와 '노드(=컴퓨터)'라고 부르는 불특정 다수의 자발적인 참여에 의해 365일 24시간 멈추지 않고 비트코인 네트워크가 작동된다. 이렇게 어느 특정한 주체나 집단이 통제하지 않는 성질을 '탈중앙화(Decentralization)'라고 표현하는데, 비트코인 시스템의 중요한 특징 중 하나다.

과거에 없던 개념이 새롭게 등장했기 때문에 기존 단어만 가지고 비트코인을 설명하기에는 충분하지 않다. 코끼리를 처음 만져본 장님들이 각자 다르게 설명하는 것처럼, 비트코인을 공부한 사

- 　**반감기** : 비트코인은 평균 10분마다 생성되며, 21만 번째 블록마다 보상이 반으로 줄어든다.
- 　**채굴기** : 과거에는 개인용 PC로도 비트코인 채굴이 가능했으나 경쟁이 심화되며 GPU를 거쳐 현재는 ASIC(Application-Specific Integrated Circuit)를 사용하는데, 이는 비트코인 채굴을 목적으로 설계된 '주문형 반도체'를 말한다.

‖ 송금방식 비교 ‖

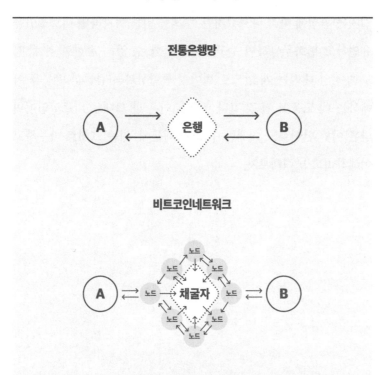

은행망에서는 원화가 이동되고, 비트코인 네트워크에서는 비트코인이 이동된다.

람마다 다른 이야기를 하게 된다. 그래서 비트코인을 받아들이는 과정 초입에서 대부분 혼란을 겪고 공부를 포기한 채 차트와 가격만 바라보게 되는 것 같다.

비트코인을 화폐(money)로 볼지, 디지털자산(digital asset)으로 볼

지, 그저 아무 가치 없는 프로그래밍 코드 조각(digital trash)으로 여길지는 관점에 따라 다르겠지만 이 책을 읽는 독자라면 비트코인을 유연하고 변화무쌍하며 누구도 컨트롤할 수 없는 '유한한 존재' 정도로 정의 내리는 게 앞으로 벌어지는 현상과 사람들의 반응을 이해하는 데 도움이 될 것 같다. 비트코인은 말 그대로 비트코인이며 다른 어떤 단어로도 대체할 수 없기 때문에, 있는 그대로 마주하고 이해하려고 노력해보자.

비트코인이 탄생한
사회적 배경

"봉현이형, 그건 그렇고 사토시는 왜 비트코인을 만들었나요? 그걸 만들어서 도대체 어디에 쓰려고 했던 거죠?"

"인류 역사에 주요한 사건은 원인이 있지요. 비트코인 탄생의 사회적 배경을 살펴볼까요?"

사토시 나카모토는 현대 사회에서 경제 위기가 발생하는 이유를 정부와 시중은행이 장악한 부패한 화폐 시스템 때문이라고 생각했고 비트코인을 통해 이러한 문제점을 지적하고자 했다. 그가 2009

년 1월 3일 처음으로 채굴한 비트코인 제네시스 블록에는 이를 암시하는 메시지가 담겨 있다.

> 'Chancellor on brink of second bailout for banks'
> 은행들의 두 번째 구제금융을 앞두고 있는 정부

당일 발행된 영국 〈더타임스〉의 기사 제목을 비트코인 블록에 담아 중앙은행의 도덕적 해이를 눈감아주고 있는 정부를 비판하는 메시지를 다음과 같이 남겼다.

제네시스 블록*에 기록된 텍스트와 2009년 1월 3일자 〈더타임스〉 신문 1면 기사 제목

- **제네시스 블록** : 비트코인 블록체인의 첫 번째 블록을 말한다. 블록에는 거래내역과 함께 텍스트를 담을 수 있다.

미국 서브프라임 사태, 정부와 금융기관의 도덕적 해이

사토시를 이해하기 위해서는 비트코인 탄생 전후 상황을 살펴볼 필요가 있다. 비트코인 백서가 배포되기 직전 2007년 미국에서는 부동산 거품이 꺼지며 투자 은행들이 대규모 손실을 입었고 다음 해 2008년 9월 세계 최대 규모의 투자은행 리먼브라더스가 700조 규모의 파산을 신청하게 된다. 연달아 미국 최대 증권사 메릴린치가 BOA(뱅크오브아메리카)에 매각됐으며 시티은행과 AIG보험그룹이 순서대로 무너지며 실물자산과 금융자산이 동반 폭락하는 초유의 사태를 맞이하게 된다.

그 이유는 분명했다. 2000년대 초반 닷컴버블, 9·11테러, 아프간-이라크 전쟁 등으로 경기가 지속적으로 악화되자 미국 정부는 경기를 부양하기 위해 저금리 정책을 시행했고 낮은 금리는 자연스럽게 사람들의 욕망을 부추겼다.

너도나도 돈을 빌려서 부동산을 매입했고 자연스럽게 자산 가격 상승으로 이어졌다. 부동산을 매각하면 언제든지 원금을 회수할 수 있다고 판단한 은행은 돈을 더 많이 벌기 위해 부적격 등급(서브프라임)까지 무분별하게 대출을 허용했고 사람들은 더 많은 돈을 빌리게 됐다.

‖ 미국 기준금리 추이 ‖

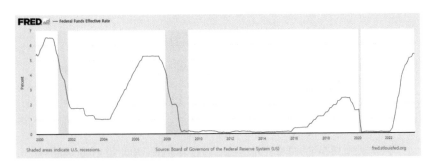

2000년 이후 지속된 금리 인하는 자산 가격 상승을 부추겼고 서브프라임 사태의 배경이 된다.

    자신감이 붙은 은행들은 더 많은 돈을 벌기 위해 부실채권을 담보로 파생상품을 만들어 판매했고 보험사는 수수료를 목적으로 이러한 거래를 보증하며 숟가락을 얹었다. 무법지대에 가까운 규제 환경도 사태를 부채질했다. 부실채권은 우량채권으로 포장되어 재판매됐고 사람들은 다시 주택을 구매, 다시 부실채권을 발행하는 사이클이 이어졌다.

    당시 많은 사람들이 무리하게 대출을 받아 주택을 구매했고 부동산만 우상향한다면 모두가 행복해지는 그림이었지만 오래가지는 못했다. 지속적으로 부동산 가격을 상승시키기에 물리적으로 수요에 한계가 있기 때문이다.

‖ S&P/케이스-실러 주택가격지수° ‖

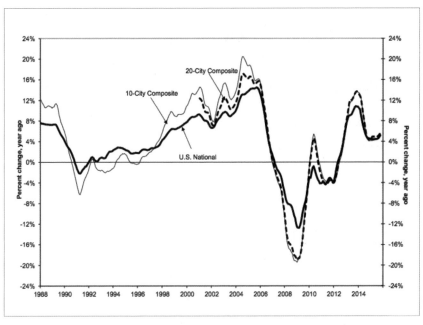

(출처 : S&P Dow Jones indices & CoreLogic)

경기과열 우려로 인한 미국 정부의 금리 인상과 함께 부동산 거품이 꺼지며 위기가 시작됐고 서브프라임 등급의 부적격 대출자, 은행, 보험사가 연쇄적으로 파산에 이르게 됐다. 피해는 일반기업,

● **S&P/케이스-실러 주택가격지수(S&P/Case-Shiller Home Price Index)** : 미국 내 20개 대도시 지역 단독주택 판매 가격의 변동을 나타낸다.

가계에 전이되며 전 세계로 단기간에 확산됐다.

화폐의 타락, 중산층의 몰락

당시 나는 군 생활을 하고 있던 때라 슬픔을 목격하는 수준으로 넘어갔지만, 전 세계 수많은 중산층 가정이 일자리와 집을 잃고 파산하였으며 침체는 장기간 지속됐다. 통계에 따르면 미국에서만 3,000만 명이 일자리를 잃었으며 금융업 비중이 높았던 아일랜드와 아이슬란드는 해외 투자 자금이 급격하게 빠져나가며 IMF에 구제금융을 신청하게 된다.

가장 아이러니한 부분은 이러한 사태를 방관한 정부, 탐욕으로 위기를 만들어낸 은행과 보험사, 방만하게 경영해서 부실을 자초한 기업들은 별다른 징계를 받지 않았으며, 결국 1경원이 넘는 천문학적인 세금으로 뒷수습을 하게 된다. 당장 내 지갑에서 돈이 빠져나간 게 아니라 무관한 일이라고 생각할 수 있지만 이 어마어마한 빚은 국가의 부채가 되어 모두가 떠맡게 됐다. 쉽게 말해 금융 참사의 책임을 하루하루를 성실하게 살던 다수의 평범한 사람들이 짊어지게 된 것이다.

‖ GDP 대비 미국의 공공부채 비율(1790~2021) ‖

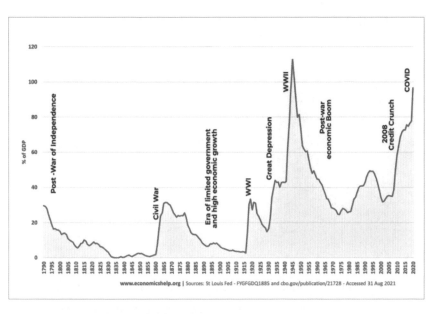

'월가를 점거하라' 시위 장면

2008년 말 세계 최대 보험그룹 AIG는 850억 달러의 구제금융을 통해 겨우 파산 위기를 넘겼음에도 불구하고 다음 해 임원들에게 성과급을 지급하며 여론의 비난을 받는다. 당시 기득권의 부도덕함에 분노를 느낀 젊은 세대 중심으로 '월가를 점거하라(Occupy Wall Street)'는 구호와 함께 거리로 나왔으며, 사회 운동으로 번져 나갔다.

비트코인을 만든 목적은 그가 온라인에 남겼던 몇몇 글을 통해
서도 유추해볼 수 있다.

'기존 화폐의 근본적인 문제는 시스템이 돌아가도록 하는
데 신뢰가 필요하다는 점이다. 하지만 법정통화의 역사는
그러한 신뢰를 저버리는 일들로 가득 차 있다.
은행은 지급준비금도 남겨두지 않은 채 무분별하게 대출
을 남발한다.'

-사토시 나카모토-

Bitcoin open source implementation of P2P currency
Posted by Satoshi Nakamoto on February 11, 2009 at 22:27
🅰 View Discussions

I've developed a new open source P2P e-cash system called Bitcoin. It's completely decentralized, with no central
server or trusted parties, because everything is based on crypto proof instead of trust. Give it a try, or take a look
at the screenshots and design paper:

Download Bitcoin v0.1 at http://www.bitcoin.org

The root problem with conventional currency is all the trust that's required to make it work. The central bank must
be trusted not to debase the currency, but the history of fiat currencies is full of breaches of that trust. Banks must
be trusted to hold our money and transfer it electronically, but they lend it out in waves of credit bubbles with
barely a fraction in reserve. We have to trust them with our privacy, trust them not to let identity thieves drain our
accounts. Their massive overhead costs make micropayments impossible.

A generation ago, multi-user time-sharing computer systems had a similar problem. Before strong encryption,
users had to rely on password protection to secure their files, placing trust in the system administrator to keep
their information private. Privacy could always be overridden by the admin based on his judgment call weighing the
principle of privacy against other concerns, or at the behest of his superiors. Then strong encryption became
available to the masses, and trust was no longer required. Data could be secured in a way that was physically
impossible for others to access, no matter for what reason, no matter how good the excuse, no matter what.

사토시 나카모토가 2009년 온라인에 남긴 글

부채의 습격

　사토시는 중앙은행과 시중은행이 통제하고 있는 시스템의 문제점을 정확하게 지적했다. 은행은 겨우 10%의 지급준비금만을 보유한 채 대출을 남발하고 여러 시중은행을 거치며 통화는 무한에 가깝게 팽창한다. 물가가 오르고 자산 가격도 오르면서 토지나 부동산, 주식을 갖고 있던 사람들은 부자가 된다. 게다가 은행들은 부자들에게 더 낮은 금리로 우선권을 주기 때문에 시간이 지날수록 빈부격차는 더 커지게 된다.

　정부는 기업에 문제가 생기면 세금을 동원해서 구제한다. 기업이 망하면 직원들은 일자리를 잃게 되고, 생계가 막막해진 사람들은 다시 정부에 대책을 요구하기 때문에 표가 필요한 정치인은 채권을 발행해서 보조금을 지급하고 좀비 기업을 양산한다. 기업인들 역시 무책임한 자세로 일관하다 부실이 생기면 정부에 지원을 요청하는 일이 반복된다. 그리고 평범한 모든 사람이 나눠서 피해를 본

"모든 권력은 부패한다.
절대적 권력은 절대적으로 부패한다."

－ 영국의 역사학자 악턴 －

다. 뭔가 이상하고 불공평하다.

어떤 산업에서든 독과점은 반드시 부패를 야기하고, 사회를 병들게 한다. 금리가 오르고 내리고, 자산에 거품이 발생하고, 한꺼번에 터지는 붐 버스트 현상이 10년 단위로 발생하는 건 인간의 욕망 때문도 있지만 근본적으로 경제 시스템이 제대로 작동하지 않았기 때문이다.

비트코인은 재산권을 지키기 위해 탄생

사토시는 오늘날 화폐 시스템을 장악한 국가와 은행의 문제점을 지적하고 선택권이 없는 개인들에게 저항할 수 있는 수단을 제공하기 위해 비트코인을 발명한 것으로 보인다. 비트코인이 일상 화폐로써 법정통화를 대체할 수 있을지 아직 예단하기는 어렵지만, 일방적으로 사용을 강제당하고 있는 법정통화의 대안이 생겼다는 사실은 고무적이다.

모든 분야에서 치열하게 경쟁하는 현대 사회에서 화폐만 독점적 지위를 누린다는 게 조금 이상하지 않은가? 왜 아무도 의문을 제기하지 않는 걸까? 만약, 더 나은 화폐가 있다면 우리는 그걸 선택할 자유가 있는데 말이다.

현재까지도 사토시의 정체는 베일에 싸여 있으며 그가 채굴한 비트코인 100만 개는 여전히 시장에 풀리지 않은 채 잠들어 있다.

그는 비트코인을 통해 어떠한 금전적 이익도 취하지 않았고, 이는 비트코인 블록체인에 고스란히 남아 있다.

나 역시 그가 어떤 사람인지 알 수 없고, 여전히 100% 신뢰할 수는 없지만 그의 행적을 자세히 살펴보니 불합리한 현실에 처한 힘없는 사람들의 고통을 이해하는 박애주의 정신과 정의감이 아주 강한 사람이라는 게 느껴졌다.

내재가치가 없는 비트코인은
가치를 가질 수 있을까?

 "봉현이형, 비트코인은 내재가치가 없기 때문에 결국
0원이 될 건데 도대체 왜 투자하는 거예요?"

 "부동산처럼 사용가치도 없고 금이나 은처럼 장신구
나 산업현장에 쓰이는 것도 아니잖아요?"

주변 사람들과 비트코인 이야기를 시작할 때 많이 듣는 질문 중
하나다. 주식에 투자하는 사람이라면 종종 접하는 단어인 '내재가
치'는 사전에서조차 명확하게 뜻과 출처를 확인할 수 없다. 단어를
쪼개보면 '어떤 사물이나 현상에 내재하고 있는 가치 또는 외부의
어떤 것과도 연결되지 않는 가치' 정도로 해석할 수 있지만 의미가

곧바로 와닿지는 않는다.

꼭 내재가치가 있어야 가치가 있나?

　일반적으로 내재가치는 주식시장에서 특정 기업의 주식 가격이 적정한지를 평가할 때 사용하는 개념이다. 기업이 보유하고 있는 부동산이나 설비, 현금 같은 자산을 통해 해당 기업의 과거를 평가하고, 영업이익을 통해 기업의 현재를 그리고 CEO의 역량까지 고려해서 미래를 예측한 뒤 투자할지 말지를 결정하고 이를 '내재가치 평가'라고 부른다.

　거래하는 방식이 주식과 유사해서 혼동하기 쉽지만 비트코인은 운영하는 회사도, 직원도, CEO도 없다. 그래서 주식에서 사용하는 내재가치 개념을 비트코인에 들이대는 것 자체가 잘못된 상황이다.

주식 MTS 화면　　　암호화폐 MTS 화면

'가치'는 결국 다수의 신뢰 속에서 발생한다

비트코인은 내재가치는 없지만 가치를 갖는 달러, 원화, 엔화 같은 법정통화나 금(Gold)과 비교해야 마땅하다. 달러나 원화, 엔화 같은 법정통화는 그 자체로는 산업적 사용처가 없는 종이 쪼가리에 불과하지만 정부가 보증하기 때문에 가치가 있다. 국가를 구성하는 건 국민이고, 국민 중 다수가 신뢰하고 보증하면 '숫자가 적혀 있는 종이'임에도 불구하고 가치가 발생한다.

금 역시 내재가치가 없는 자산이다. 금은 먹을 수도 없고, 너무 물러서 무기나 농기구로 사용하기에 부적합하다. 최근 들어 반도체나, 충치 치료 등 여러 산업에 쓰이기 때문에 가치 있다고 말하는 사람들도 있지만 삼성전자도 치과도 없던 시절에도 금은 가치가 있었다.

반짝이기 때문에 귀금속으로서 가치를 갖는다고 생각할 수 있지만, 세상에 반짝이는 물질은 금 말고도 많이 있으며 그중에서도 은, 구리, 납, 철, 유리보다 금이 더 희소했기 때문에 귀한 광물로 여겨졌다고 보는 게 합리적이다. 결국 인간사회에서 금이 가치 있는 물건으로 여겨진 이유는 다수의 사람들이 오랜 기간 귀한 물건이라고 합의했기 때문이다.

인간사회에서 무언가가 가치를 갖는 데 있어서 내재가치는 필수적인 부분은 아니다. 내재가치가 없더라도 다수의 사람이 신뢰한다면 가치를 가질 수 있다. 조개껍데기나, 조약돌, 바위, 유리구슬 같은 것이 특정 지역에서 가치 있는 물건이자 화폐로 사용됐던 역사적 사례도 결국 다수의 사람이 가치 있는 물건으로 인정하고 신뢰를 부여했기 때문이다.

우표 수집가들의 성배로 불리는 '거꾸로 된 제니'가 2023년 11월 우표 경매 역사상 최고가 200만 달러(약 26억원)에 낙찰됐다. 1918년 발행된 액면가 24센트짜리 항공 배달 전용 우표인데 실수로 중앙에 있는 비행기가 거꾸로 뒤집혀 인쇄됐다. 이렇게 잘못 인쇄돼 딱 100명에게만 판매된 우표는 전 세계 수집가들의 표적이 됐고 애니메이션 〈심슨 가족〉에도 등장하며 유명세를 탔다.

26억원에 낙찰된, 잘못 인쇄된 희귀 우표 '거꾸로 된 제니(Inverted Jenny)'

이 우표는 편지를 보내는 데 사용할 수도 없고, 어떤 특별한 사연이 있는 것도 아니다. 그저 희소하다는 것 말고는 별다른 특징이 없다. 그럼에도 불구하고 사람들이 가치를 부여하고 몇몇 사람이 금액을 지불하면 가치가 생긴다. 이처럼 내재가치 없는 어떤 물건이 높은 가치를 갖는 건 비트코인 출현 이전에도 인간사회에서 계속해서 있어온 지극히 평범하고 일상적인 현상이다.

같은 논리로 접근해보자. 만약 다수의 사람이 앞으로 꽤 오랜 기간 비트코인을 가치 있는 것으로 인정하고 신뢰를 부여한다면, 산업적인 사용처가 없더라도 내재하고 있는 가치가 없더라도 비트코인도 가치를 가질 수 있는 거 아닐까? 비트코인이 물리적인 실체가 없다는 것만 제외하면 가치를 갖는 현상의 근본은 동일하다고 볼 수 있다.

실물이 없는 비트코인은 가치를 가질 수 있을까?

 "금목걸이나 1달러 지폐와 달리 비트코인은 실물이 없잖아요."

 "손으로 만질 수도 없는 걸 어떻게 투자해요?"

지폐 1만원은 가치가 있다. 실물은 없지만 은행 서버에 존재하는 1만원도 분명 가치가 있다. 오늘날 우리가 사용하는 달러나 원화 등의 화폐는 10% 정도만 실물로 발행하고 나머지는 은행 서버와 전산에만 존재한다. 가상공간에 존재하는 90%의 화폐 전부를 당장 내일 현금으로 교환하는 건 물리적으로 불가능하다.

종이화폐만 가치가 있는 건 아니다

그럼, 전산에 존재하는 돈은 가치가 없는 걸까? 현금화가 가능할
만큼 종이화폐가 확보돼야 그제야 가치가 생기는 걸까?

중국에서는 이미 현금이 사라진 지 오래다. 부랑자들이 구걸할
때 위챗페이와 알리페이°를 사용하는 모습이 유튜브 쇼츠나 SNS에
자주 돌아다닌다. 한국 사람들은 카카오페이, 네이버페이, 은행 앱
등 각종 전자금융거래 앱을 통해 크고 작은 결제를 처리한다. 현금
은 장례식이나 결혼식 때나 한 번씩 쓰는 것 같다. 편의점 갈 때만
아장아장 따라오는 세 살 된 내 조카는 현금을 써본 경험이 별로 없
다. 우리 가족은 모두 삼성페이를 쓰기 때문이다.

중국은 부랑자들이 구걸할 때
위챗페이나 알리페이를 쓴다.

● 위챗페이와 알리페이는 중국의 양대 국민 결제 앱으로 전자금융거래 대부분을 담당한다.

요즘 서울 시내에는 '현금 없는 버스' 현수막을 걸고 운행하는 버스가 점점 늘어나고 있다. 말 그대로 현금을 받지 않는다는 이야기다. 사실 현금으로 버스를 타면 거스름돈이 남아 조금 번거로웠던 어린 시절 기억이 있다. 사람들은 이미 실물 없는 돈을 통해 가치를 주

최근 운행이 늘어난 '현금 없는 버스'

고받고 있으며 대부분은 이를 더 선호한다. "잔돈이 남으면 귀찮지 않나요?"

1만원짜리도 10%만 발행하고 90%는 가상공간에 저장

그동안 우리는 물리적 대상을 통해서만 가치를 인식해왔다. 십자가를 통해 하나님을 떠올리고, 정치적인 동상이나 상징물을 통해서 권력을 떠올린다. 물리적 실체가 없는 비트코인은 인간의 학습된 직관에 정면으로 반대되기 때문에 이해하기가 어렵다.

다만 세상은 나의 인지 속도에 맞춰 움직여주지 않는다. 사람들의 인식은 빠르게 변화하고 있고 우리는 실물 없는 돈을 통해 가치를 주고받는 세상에 적응해서 살고 있다. 너무 편하고 익숙해서 종종 잊고 지낼 뿐이다.

비트코인은 물리적인 실체는 없지만 블록체인과 암호화 기술을

통해 온라인상에서 '소유권'을 분명하게 구분할 수 있는 디지털자산이다. 가치란 다수가 합의하에 만드는 것이고 물리적 실체가 없더라도 대상을 특정하여 소유자를 구분할 수 있다면 가치를 부여할 수 있다. 그럼 물리적인 실체는 없지만 소유권을 구분할 수 있는 비트코인도 다수가 동의한다면 가치를 부여할 수 있는 것 아닐까?

국가가 금지하면
비트코인이 없어질까?

 "봉현이형, 근데 점점 존재감이 커가는 비트코인을
정부가 그냥 놔둘까요?"

 "국가에서 못 쓰게 금지하면 끝나는 거 아니에요?"

1933년 미국에서는 루스벨트 대통령이 개인의 금 소유를 금지하는 행정명령 6102호를 발동했다. 실물 금을 보유한 만큼만 화폐를 발행하던 금본위제* 시절, 국가에 금이 부족해지자 시행한 긴급

● **금본위제** : 달러를 금과 연동하고 나머지 화폐를 달러와 연동해서 세계 화폐의 가치를 간접적으로 금과 연동시켜 놓았던 제도를 브레턴우즈 체제라고 하는데, 당시에는 금 채굴량이 늘어나지 않고서는 화폐를 발행하는 게 불가능했다.

조치였다. 이후 개인이 다시 금을 소유할 수 있게 된 건 닉슨쇼크˙ 3년 뒤인 1974년부터였다. 당시에는 국가의 권력이 개인의 자유보다 우선했기 때문에 개인의 재산권을 침해하는 일이 빈번하게 일어났다.

미국 행정명령 6102호 관련 인쇄물. 금화나 금괴, 금 증서 등 아주 적은 양을 제외하고는 모두 연방준비제도에 반납해야 했다. 만약, 행정명령에 따르지 않을 경우 벌금에 징역형까지 부과했다.

● **닉슨쇼크** : 1971년 리처드 닉슨 미국 대통령이 시행한 경제 정책으로 높은 인플레이션과 무역 적자를 포함한 경제 문제를 해결하기 위해 금태환 제도를 폐지한 사건. 브레턴우즈 체제를 끝내고 현대의 금융 체제로 넘어온 사건이라고 할 수 있다.

언론과 정부의 외면에도 끈질기게 살아남은 비트코인

2018년 1월, 한국에서는 법무부 장관이 나서서 '암호화폐 거래를 금지하고 거래소 폐쇄를 위한 법안을 준비 중'이라는 이야기를 했고 주류 언론이나 여론도 이에 동조했던 기억이 생생하다. 그런데 지금은 어떤가? 정부의 규제나, 소비자의 외면으로 대기업도 한순간에 망하는 현대 사회에서 비트코인은 주류 언론과 정부, 대중의 수많은 저주 속에서도 없어지지 않고 끈질기게 살아남았다.

2023년 상반기 금융위원회 가상자산사업자 실태조사에 따르면 국내 암호화폐 거래소에 등록된 계정은 950만 개이며 이용자는 606만 명으로 대한민국 인구의 12%에 달한다. 지난 20대 대선에서는 선거 기간에 여야 후보 모두 한 표라도 더 얻기 위해 암호화폐 및 NFT* 등 디지털자산을 포용하겠다는 공약을 내세웠다. 만약, 특정 정당이 암호화폐의 보유나 거래를 원천 금지하는 법안을 준비한다면 총선이든 대선이든 당선이 될 수 있을까? 참고로 지난 대선에서는 0.8% 차이로 당락이 결정됐다.

조사기관에 따라 차이는 있지만 미국의 경우 2022년 기준 4,600

● **NFT(Non-Fungible Token, 대체 불가능 토큰)** : 블록체인 기술을 이용해서 디지털자산의 소유권을 증명하는 가상의 토큰(token)이다. 그림, 영상 등 디지털 파일을 가리키는 주소를 토큰 안에 담아 고유한 원본성 및 소유권을 나타낸다.

만 명이 암호화폐를 보유한 것으로 추정되고 전체 인구가 3억 4,000만 명인 걸 감안하면 총인구의 13%로 결코 적지 않은 숫자다. 미국 역시 양당 간 대립이 극에 달하는 상황에서 유권자들의 표심을 잃을 만한 정책을 일방적으로 추진하는 건 당선을 포기하는 것과 마찬가지다.

투표를 통해 국민의 대표를 정하는 국가에서 선거는 승자가 모든 걸 독식하는 구조다. 그래서 어느 정치인도 다수 유권자의 권리를 침해하는 정책을 적극적으로 펼치는 건 불가능하다. 게다가 암

‖ 트럼프 이더리움 지갑 주소 ‖

Asset	Symbol	Contract Address	Quantity	Price	Change (24H)	Value	
Ethereum	ETH	-	1552.26340277982525...	$1,671.47	▲ 3.03%	$2,594,566.07	More ∨
MAGA	TRUMP	0x576e2B...6f78bea7	470000.00025	$0.026699	▲ 7.99%	$12,548.72	More ∨
Cigarette To...	CIG	0xCB56b5...E7a3C629	1000000	$0.000257	▼ 0.11%	$256.79	More ∨
Dubbz	Dubbz	0x38029C...21Db0a17	69	$2.23	▲ 3.72%	$153.87	More ∨
The Doge NFT	DOG	0xBAac2B...f2Fe8899	69420	$0.000581	▲ 2.71%	$40.32	More ∨
Mog Coin	Mog	0xaaeE1A...A2C21C7a	1042070000.10933001...	$0.00	▲ 30.46%	$31.48	More ∨
DappRadar	RADAR	0x44709a...53C44DbE	1500	$0.006062	▲ 1.9%	$9.09	More ∨
Pepe	PEPE	0x696250...d2311933	6900000	$0.000001	▲ 11.42%	$5.52	More ∨
Non-Playable...	NPC	0x8e097a...c05408F6	10000	$0.000155	▲ 19.17%	$1.55	More ∨
HarryPotterO...	BITCOI	0x72e4f9...Dc4EEEa9	17.76283765	$0.083676	▲ 20.3%	$1.49	More ∨
DEEPSPACE	DPS	0xB7B157...140DB9eB	69	$0.017756	▲ 7.46%	$1.23	More ∨
OMI Token	OMI	0xeD35ef...68C1749e	666.6666666	$0.000834	▲ 1.7%	$0.56	More ∨
Pond Coin	PNDC	0x423f4e...Ed631eea	138840	$0.000002	▲ 7.53%	$0.24	More ∨
VoldemortTru...	ETHERE...	0xC32dB1...01CA6d5c	45	$0.000276	▲ 4.13%	$0.01	More ∨

트럼프 지갑으로 지목된 이더리움 주소를 구글 검색창에 조회 시 위와 같이 보유 자산을 실시간으로 확인할 수 있다.
주소 : 0x94845333028B1204Fbe14E1278Fd4Adde46B22ce

호화폐에 대해 부정적인 입장을 취했던 트럼프 전 미국 대통령의 경우, 최근 이더리움 1,600개가량(약 32억 원)을 보유하고 있음이 한 언론을 통해 드러났다.

그럼에도 불구하고 여야가 힘을 합치면 비트코인을 없앨 수 있을까? 공산당 일당제를 채택한 중국은 이미 2021년부터 비트코인을 금지하는 정책을 시행 중이다. 코인을 채굴하는 것도, 거래하는 것도 불법이고 간접적으로 관련되어도 처벌 대상에 오르는 등 강경한 입장을 유지하고 있다.

그러나 2022년 영국 케임브리지대학교 연구팀 조사에 따르면 비트코인의 채굴 참여도 지표인 해시레이트˚가 중국에서 일부 회복됐으며, 비트코인을 생산하는 채굴기는 이동과 설치가 자유로워 언제든 우회해서 다시 살아날 수 있다. 실제로 많은 중국 채굴기업들이 전기료가 저렴한 카자흐스탄 등으로 이동했으며 카심-조마르트 토카예프 대통령은 2022년 국제 포럼에서 카자흐스탄을 디지털 기술, 암호화폐 생태계, 채굴 분야에서 선두주자로 만들겠다는 비전을 발표했다. 중국인들은 홍콩, 싱가포르 등 해외 거래소를 통해 암호화폐를 구입 및 보관하고 있으며 정부의 통제가 심한 중국에서조

● **해시레이트** : 채굴은 고성능 컴퓨터로 복잡한 해시 함수를 계산해 풀어내는 과정으로, 네트워크의 모든 채굴자가 일정 기간 계산한 해시 수를 해시레이트라고 한다. 해시레이트가 높다는 건 채굴 난이도 상승을 의미하고, 일반적으로 장기 가격 상승을 예측하는 지표로 활용된다.

차도 완벽한 통제는 불가능하다는 게 입증됐다.

물론 전 세계 국가가 동시에 규제 정책을 발표하면 일시적으로 비트코인 가격은 떨어질 수 있으나, 탈세계화가 진행되고 있는 이 시점에서 모든 국가가 한마음 한뜻으로 움직이는 건 불가능에 가깝다. 만약 그렇게 된다고 하더라도 전통적인 금융기관의 통제를 벗어나 수많은 노드에 의해 기록이 무한히 복제되는 비트코인 시스템은 마치 테러리스트 점조직처럼 작동하여 완전하게 뿌리 뽑는 게 불가능하다.

최근 들어 보이는 호의적인 반응들

비트코인 출현 이후 개인의 암호화폐 보유를 통제하려는 시도는 계속해서 실패해왔으며, 박멸이 불가능함을 인지한 각국 정부는 최근 들어 규제를 통해 포용하는 움직임을 보이고 있다. 정부는 비트코인을 없애고 싶었으나, 없애지 못했다. 이러한 객관적 사실을 인지한다면 비트코인에 대한 무의미한 의구심(정부가 비트코인을 없앨 것) 중 한 가지는 멈출 수 있을 것 같다.

‖ 주요 선진국들의 비트코인 규제 역사 ‖

주요 선진국들의 비트코인 규제의 역사를 살펴보면, 각국은 금지 대신 포용으로 방향 설정

- 미국, EU, 대한민국, 일본은 제도권 편입 관점에서 규제 및 제도를 정비하여 정부 규제에 대한 불확실성을 해소시킴
- 다만, 규제에 대한 역사가 짧고 기준이 명확하지 않은 개발도상국들은 엄격한 규제를 주장하는 국가들이 존재

비트코인을 투자상품으로 인식, 거래 양성화를 위한 제도 마련

거래 양성화를 위한 제도 도입

2013	가상자산 규제 가이드라인 발표
2014	비트코인 납세 의무자산으로 인정
2018	법원, 비트코인 Commodity로 인정
2020	개인 지갑 트래블 룰 도입
2021	미국 은행의 퍼블릭블록체인 사용 허가

유럽 내 규제 표준화를 위해 MICA Proposal 발표

국가별 거래 양성화를 위한 제도

2013	독일, 가상자산 가이드라인 제시
2017	프랑스, ICO 지원 프로그램 출범
2018	스위스, 세계 최초 ICO 가이드라인 제시
2019	영국, 가상자산 최종 가이드라인 발표
2020	EU, 제5차 자금세탁방지지침 시행

제도 도입을 통한 규제 불확실성 해소

제도 도입을 통한 규제 불확실성 해소

2016	금융위, '블록체인 협의회' 출범
2017	금감원, ICO 전면 금지 발표
2019	금융위, 특정금융거래정보법 시행령 개정
2020	특금법 개정안 국회 본회의 통과
2020	가상자산 거래 수익 기타소득 분류 및 과세

가상자산 업계에 엄격한 규제 시행

가상자산 업계에 엄격한 규제 시행

2017	가상자산 거래소 등록제 도입
2018	일본가상자산거래업협회(JVCEA) 출범
2018	가상자산 및 ICO 신규 규제안 공개
2019	2차 가상자산 규제 체제 정비
2020	금융상품거래법 및 자금결제법 개정법 시행

(출처 : 한화자산운용 비트코인에 대한 10가지 오해와 진실)

비트코인은 화폐가 될 수 있을까?
(ft. 화폐의 5가지 조건)

 "비트코인은 지금 쓰는 달러나 원화처럼 화폐의 역할을 대신할 수 있을까요?"

 "앞으로 화폐가 되기 위해서는 어떤 조건을 만족해야 할까요?"

GOP 군복무 시절, 무료함을 달래기 위해 내기로 농구나 족구를 자주 했는데 현금이 부족할 때는 봉지라면을 대신 베팅했다. 최전방이라 PX가 없었고, 황금마차도 자주 오지 않아서 인기 많은 볶음라면은 5,000원짜리 종이보다 더 쓸모 있는 경우도 있었다.

가보지는 않았지만 유튜브 영상을 몇 개 찾아보니 감옥에서는 담배가 그 자체로 상품이자 화폐로 사용된다고 한다. FTX 거래소 파산 사태*를 일으킨 채식주의자 샘 뱅크먼 프리드가 동료 수감자에게 통조림 몇 개를 전달하고 머리를 다듬었다는 소식도 전해진다. 이렇게 사회와 고립된 지역에서는 구성원 모두가 공통으로 인정할 만한 물건이 화폐로 쓰이는 경우가 있다.

화폐가 되기 위한 5가지 조건

먼저 화폐가 되기 위해서는 ❶ 어느 정도 희소성을 확보해야 한다. 모두가 가치 있는 물건으로 인정해야 하기 때문에 길거리 낙엽이나, 조약돌처럼 아무 데서나 쉽게 구할 수 있으면 화폐가 되기 어렵다. ❷ 그리고 운반하기에 좋아야 한다. 만약 화폐가 돌덩이처럼 무겁다면 이동하는 데 비용이 많이 발생하고 크고 작은 거래를 수행하기가 어렵다. ❸ 소액거래를 위해 충분히 작은 단위까지 쪼갤 수 있어야 하고, ❹ 내가 가지고 있는 화폐와 상대방이 가지고 있는 화폐가 1대 1로 교환이 가능해야 한다. ❺ 그리고 물에 닿아도 녹슬지 않고 불에도 쉽게 타지 않을 만큼의 내구성도 필요하다.

● **FTX 거래소 파산 사태** : 2022년 11월 샘 뱅크먼 프리드가 창업한 전 세계 3위권 암호화폐 거래소 FTX가 파산한 사건이자 모든 고객의 자산 인출이 중단된 금융 사기 사건. 추정 부채가 66조로 암호화폐 역사상 최대 규모의 금융 사기이며 시장 전체를 침체에 빠뜨렸다.

‖ 금속화폐 vs 종이화폐 vs 비트코인 비교 ‖

	금속화폐	종이화폐	비트코인
❶ 희소성	★★★★	★★★★	★★★★★
❷ 운반성	★★	★★★★	★★★★★
❸ 분할성	★★	★★★	★★★★★
❹ 대체성	★★★★★	★★★★★	★★★★★
❺ 내구성	★★★★	★★★	★★★★★

※ 가격변동과 무관하게 돈이 될 수 있는 5가지 조건 측면에서 봤을 때 비트코인은 물리적인 실제가 없음으로 인해 가장 이상적인 돈이 될 수 있는 조건을 갖추었다.

‘물리적 실체 없음’이 기존 화폐의 성능을 뛰어넘다

위 조건을 비트코인에 대입해보자. 비트코인은 블록체인 기반기술과 암호화 기술, 그리고 채굴자와 감시노드(풀노드) 시스템을 통해 디지털상에서 2,100만 개로 희소성을 완벽하게 구현해냈다. 소수점 8자리까지(0.00000001BTC = 약 3원) 쪼갤 수 있기 때문에 작은 규모의 거래부터 큰 거래까지 수행하기에 충분하고, 불에 타거나 물에 젖지도 않는다. 무게가 없기 때문에 국경을 넘어 지구 반대편으로 보내는 데도 제한이 없고 한국에서 채굴된 비트코인과 중국에서 채굴된 비트코인은 언제든지 서로를 1대 1로 대체할 수 있다.

화폐가 되기 위한 몇 가지 조건을 비트코인에 내입해서 살펴보면 오히려 물리적 실체가 없기 때문에 모든 부분에서 기존 화폐의 성능을 뛰어넘는다. 물론, 가격이 실시간 변하기 때문에 모든 사람이 일상에서 쓰는 화폐가 될지는 아직은 알 수 없지만 적어도 비트코인이 다른 화폐와 마찬가지로 화폐가 되기 위한 조건은 만족한다는 사실을 인정해야 한다. 그래야 객관적으로 신생 자산 비트코인의 현재를 판단하고 미래를 상상해서 투자 여부를 결정할 수 있기 때문이다.

우리가 지금 쓰는 화폐는
어떤 문제가 있을까?

"봉현이형, 우리가 쓰고 있는 화폐는 딱히 큰 문제는 없어 보이는데요… 뭐가 문제라는 거예요?"

"저는 월급이 좀 모자라서 그렇지, 잘 쓰고 있는데요?"

개인적으로 비트코인에 투자하기 이전에는 화폐에 대한 공부나 고민을 해본 기억이 없다. 어릴 때부터 부유했다는 뜻이 아니라 공부할 기회가 없었기 때문이다. 학창시절 돈이나 화폐에 대한 설명을 진지하게 해주는 선생님도 없었고, 사람들 앞에서 돈에 대한 이야기를 꺼내면 교양 없는 사람으로 치부하는 문화도 있었던 것 같다.

우리가 쓰고 있는 원화는 좋은 화폐일까? 만약 우리가 쓰고 있는 법정통화에 아무런 문제가 없었다면 사토시 나카모토가 비트코인을 만들지도 않았을 거고, 시장에서 이렇게 높은 가치를 가질 일도 없었을 텐데 말이다.

경제학 교과서에 따르면 화폐는 ① 가치 저장, ② 교환의 매개체, ③ 가치의 척도 이렇게 3가지 기능을 수행한다. 그리고 우리가 사용 중인 달러나 원화는 해당 국가 범위 안에서 교환의 매개체나 가치 측정 역할은 훌륭하게 수행하고 있다. 원화를 통해 우리는 국내 어디서든 필요한 물건을 구매할 수 있고, 임영웅의 노래를 잘 모르더라도 광고 수익이나 음원 수익을 통해 인기가 얼마나 많은지를 객관적으로 측정할 수 있다.

‖ 화폐의 3가지 기능 ‖

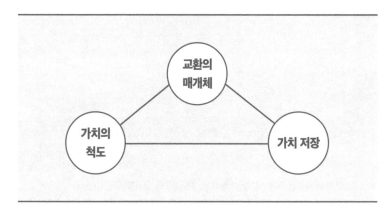

법정통화의 가치 저장 기능은 유효한가?

아쉽게도 우리가 사용 중인 화폐는 돈의 가장 중요한 '가치 저장'의 기능을 잃은 지 오래다. 굳이 M1, M2 같은 시중 통화 유동성 지표*를 검색해보지 않아도 지난 30년 동안 새우깡이 500원에서 2,500원으로 오른 걸 보면 바로 알 수 있다. 새우깡의 수요가 급격히 늘어난 것도 아니고, 공급량이 줄어든 것도 아닌데 가격이 오른 근본적인 이유는 새우깡의 생산량보다 더 빠르게 화폐 유통량이 늘어났기 때문이다.

아래 지표를 살펴보자. 통화 유통량이 늘어나는 만큼 화폐의 구매력이 떨어지는 것을 확인할 수 있다.

‖ 미국 달러 M2 지표 ‖

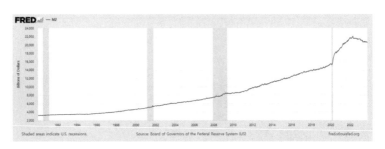

(출처 : FRED ECONOMIC DATA)

● **시중 통화 유동성 지표** : M1(협의통화)은 현금통화와 요구불예금, 수시입출식예금의 합계, M2(광의통화)는 M1과 만기 2년 미만 금융상품의 합계를 나타내며, 2개 지표 모두 시중의 유동성을 측정하는 지표로 활용된다.

‖ 달러당 구매력 지수 ‖

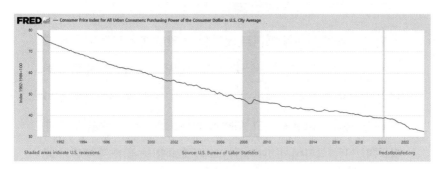

미국 달러의 가치는 100년간 98% 상실

역사를 돌아보면 미국 달러만 해도 지난 100년 동안 가치를 98% 이상 잃었다. 그 외 경제력이 약한 국가의 화폐 가치는 더 짧은 기간에 더 많은 가치 손실이 있었다.

복잡해 보이지만 원인은 단순하다. 재화에 비해 화폐를 더 많이 발행했기 때문이다. 그래서 눈치 빠른 부자들은 잉여 현금을 부동산이나 주식같이 한정적인 자산으로 바꾸었고 대출을 적극적으로 활용할 수 있었던 극소수 부자들은 더 많은 부를 독차지할 수 있었다. 우리가 쓰고 있는 법정통화가 1971년 금과의 연결고리가 끊어진 이후 가치 저장의 기능을 상실했기 때문에 발생하는 현상이다.

비트코인의 가치 저장 기능은 탁월!

만약 화폐가 가치를 제대로 저장할 수 없다면, 사람들은 초과 생산에 대한 인센티브가 줄어들고 필요 이상으로는 생산하지 않게 되어 전체적으로 사회 발전을 저해하게 된다. 오늘날 우리가 비행기를 타고 해외로 여행을 가고, 다양한 콘텐츠를 집에서 손쉽게 볼 수 있는 건 인류 역사에서 화폐가 가치 저장의 기능을 잘 수행했기 때문이라고 볼 수 있다.

비트코인의 아쉬움? - 교환 화폐 기능 상대적으로 미비

여전히 비트코인은 교환의 매개체로 쓰기에는 사용처도 부족하고, 결제 인프라도 충분하지 않다. 주변 어디에서도 가치의 척도로 사용하지 않는다. "나 연봉이 1억이야."라고 이야기하지, "나 연봉이 10BTC야."라고 이야기하지 않는다.

다만 확실하게 짚고 넘어가야 할 부분은 비트코인은 탄생 이후 그 어떤 화폐보다도 가치 저장의 기능을 잘 수행했다는 점이다. 지금은 파산한 일본 마운트곡스 거래소에서 1달러를 기록한 2011년 2월 이후 현재 3,700만원으로 가치는 3만 5,000배 상승했다.

비트코인이 일상적인 화폐로 쓰이지 않는다는 사실에만 몰두해서 실패했다고 단정 짓기는 이르다. 비트코인은 출현한 지 이제 겨우 15년 된 디지털화폐이자 현상이고 인간사회에 점점 더 영향력을 키워가고 있다는 사실이 중요하다.

20년도 안 된 비트코인 역사, 영향력 확대 추세

시시각각 가격이 변하는 비트코인이 현재의 화폐를 대신해서 대중적인 결제수단으로 쓰일지에 대해서는 나 역시도 확신은 없다. 개인적으로 비트코인은 교환의 매개체보다는 가치 저장의 기능에 더 부합한다고 생각하기 때문이다. 이런 경우 가치 저장은 비트코인에 맡기고, 교환의 매개체와 가치 척도는 법정통화 또는 법정통화와 가치가 고정된 스테이블코인*을 사용하는 것도 상상이 가능하다.

돈이 진화하는 흐름을 살펴보자. 화폐는 조개껍데기, 조약돌을 거쳐 금속화폐, 금 교환증, 그리고 종이화폐, 플라스틱 신용카드를 넘어 오늘날 암호화폐에 이르렀다. 기술이 계속해서 진보하듯 화폐도 진화하고 있는 셈이다. 우리는 화폐가 진화하는 변곡점 한복판에 서 있으며 현재의 모습만 가지고 미래를 단정해서는 아무것도

● **스테이블코인(Stablecoin)** : 민간 회사에서 발행한 법정통화와 동일한 가치를 갖는 디지털화폐를 말한다. 실시간으로 가격이 변하는 비트코인과 달리, 상대적으로 스테이블코인은 가치 변동이 없다고 말할 수 있다. 대표적으로 테더사의 USDT가 있다.

얻을 수 있는 게 없다.

열린 마음으로 이 현상을 관찰해보자. 그리고 공부하고 살펴보자. 우리가 갖고 있는 의문이 모두 해소된 시점에는 모든 기회가 사라져버리기 때문에 불확실한 지금 미래를 위해 우리는 현명한 선택을 해야 한다.

비트코인을 허용하는
국가들이 늘어나고 있다!

 "봉현이형, 만약 10년 전으로 돌아갈 수 있다면 비트
코인 사실 거예요?"

 "네, 살 거예요. 그리고 앞으로 10년 후 비트코인은 지
금의 위치와는 달라져 있을 것 같아요."

한국에서 비트코인은 돈을 벌기 위한 재테크 수단 정도의 지위를 갖고 있지만 주의 깊게 관찰해보면 세계 곳곳에서 유의미한 변화들이 일어나고 있다. 2021년 9월, 중앙아메리카 대륙의 엘살바도르는 세계 최초로 비트코인을 법정화폐로 사용하는 법안을 시행했다. 국민의 1/3이 미국 등 해외에서 일하는데 본국으로 달러를 송금할 때 수수료가 너무 많이 들고, 자국 화폐 대신 달러를 사용하기 때문에 미국 연준의 통화정책에 경제가 좌지우지되는 폐해 때문이라고 대통령이 밝혔다.

금과 다이아몬드 등 광물 수출이 절대적인 비중을 차지하는 중앙아프리카 공화국은 2022년 4월 두 번째로 비트코인을 법정통화로 선택했다. 그 외 전 세계 곳곳에서 비트코인은 법정통화에 준하는 지위를 확보하고 있다.

세계 최초 비트코인을 법정통화로 선택한 엘살바도르

결제수단보다 투자자산으로 인정하는 분위기

2022년 12월, 브라질 의회는 비트코인을 결제수단 및 남미 국가의 투자자산으로 인정한다는 내용의 법안을 통과시켰고, 2023년 아르헨티나 말레이 대통령 당선인은 후보시절부터 비트코인에 대한 지지를 표명했으며, 우크라이나 전쟁 이후 SWIFT 망에서 배제된 러시아는 비트코인을 포함한 암호화폐를 국제 결제수단으로 활용하기 위한 준비를 하고 있다. 유럽 스위스의 루가노시와 포르투갈령에 속해 있는 마데이라 자치구에서는 법정통화에 준하는 지위를 부여했으며 공공요금 및 세금 등을 비트코인으로 납부할 수 있다.

그 외 유럽이나 북미국가에서는 결제수단보다는 투자자산으로 먼저 인정하는 분위기다. 2022년 캐나다에서는 비트코인 현물 ETF가 승인됐다. 미국 최대 자산운용사 블랙록의 CEO 래리핑크는 2~3년 전 비트코인을 부정적으로 전망했으나 2023년 완전히 입장을 바꾸며 비트코인을 새로운 시대의 안전 자산이자 인플레이션 헷지 수단으로 인정하며 현물 ETF를 신청하고 승인 대기 중에 있다.

‖ 비트코인 관련 주요 타임라인 ‖

- 2008년 10월 31일, 사토시 나카모토 비트코인 백서 발표
- 2009년 1월 9일, 비트코인 첫 채굴(제네시스 블록)
- 2010년 5월 22일, 비트코인 첫 실물거래에 사용(피자 2판을, BTC 1만 개와 교환)
- 2011년 2월 9일, 일본 마운트 곡스 거래소에서 비트코인 최초로 1달러 등가 기록
- 2011년 4월 26일, 사토시 나카모토가 종적을 감춘 날
- 2013년 8월 19일, 독일 재무부 비트코인 합법적인 화폐로 인정
- 2013년 11월, 미국 상원 청문회에서 당시 연준의장 버냉키 비트코인의 잠재적 가능성 언급
- 2014년 8월 28일, 사토시로 추정되던 할 피니 루게릭병으로 사망
- 2017년 5월, 일본, 자금결제법 개정으로 비트코인을 지급결제 수단으로 인정
- 2017년 12월, 비트코인 시카고 선물거래소 상장
- 2020년 11월, 마약, 총기 등이 불법 거래되는 다크웹 '실크로드'에서 탈취된 비트코인 약 7만 개 美 정부 압수
- 2021년 9월, 엘살바도르 비트코인 첫 법정통화 채택
- 2022년, 중앙아프리카 공화국 두 번째로 비트코인 법정통화 채택
- 2023년, 전 세계 최대 자산운용사 블랙록 포함, 주요 자산운용사 비트코인 현물 ETF 신청
- 2024년 4월, 비트코인 4번째 반감기 도래

암호화폐, 가상자산, 디지털화폐, CBDC, 스테이블코인? 복잡한 용어 총정리

 근데 이거 용어가 너무 복잡한데 정리 좀 해주세요.

 암호화폐, 가상징표, 가상자산, 디지털화폐, 디지털자산, 비트코인, 알트코인, 스테이블코인? 도대체 차이가 뭐예요?

초창기 언론에서는 비트코인을 포함한 암호화폐에 부정적인 이미지를 강조하고자 가짜, 허상(virtual)의 의미가 담긴 '가상화폐'로 언급하였으나 이는 중립적인 표현은 아니기에 사용을 지양하고 싶다.

'가상화폐' 용어 사용은 지양하는 분위기,
비트코인 이후에 등장한 게 알트코인

최근에는 암호화 기술이 적용된 '암호화폐'로 부르거나, 디지털 상에서 존재하는 '디지털자산'으로 구분하는 게 적당하다고 생각한다. 그리고 이런 디지털자산 중에서 블록체인 기술과 암호화 기술을 적용해서 최초로 중개자 없이, 중앙 서버 없이 자발적으로 운영되는 디지털화폐 시스템을 만들어낸 게 바로 비트코인이다. 이후 비트코인을 따라 우후죽순으로 발행된 모든 암호화폐를 알트코인이라고 구분한다.

∥ 디지털자산 = 암호화폐 ∥

CBDC - 중앙은행에서 발행한 디지털화폐

CBDC는 'Central Bank Digital Currency'의 약어로 중앙은행에서 발행한 디지털화폐를 말한다. 기존 화폐체계에 대비해서 전자지불 시스템과 디지털 금융 생태계를 개선하고, 화폐 발행과 관리를 더 효율적으로 수행하고자 하는 목적으로 각국 정부에서 추진하고 있다. 로이터 통신에 따르면 중국 외에 바하마와 나이지리아를 포함한 다수의 국가가 이미 CBDC를 출시했으며, 전 세계 경제의 98%를 차지하는 약 130개 국가가 CBDC 발행 여부를 검토하고 있다고 한다. 물론, 한국은행도 이미 기술 개발을 완료하고 출시 시점을 조율 중에 있다.

정부에서 가치를 보증하지만, 기존 법정통화와 마찬가지로 발행처에서 발행량을 임의로 조절할 수 있으며 사용자의 사생활 침해 여지가 분명하기 때문에 계속해서 논란이 되고 있다. 중국은 DCEP(Digital Currency Electronic Payment)라고 부르며, 2022년 베이징 동계 올림픽을 기점으로 상용화를 시작했다.

스테이블코인 - 민간 회사에서 발행한 디지털화폐

스테이블코인은 민간 회사에서 발행한 법정통화와 동일한 가치를 갖는 디지털화폐를 말한다. 실시간으로 가격이 변하는 비트코인과 달리, 상대적으로 스테이블코인은 가치 변동이 없다고 말할 수 있다.

대표적으로 테더사의 USDT가 있으며 2023년 8월에는 나스닥 상장사 페이팔에서 PYUSD라는 스테이블코인을 발행했다. 두 스테이블코인 모두 미국 달러와 1대 1로 동일한 가치를 갖는다. 쉽게 말해 100PYUSD 코인을 가지고 페이팔 본사에 가면 출금 수수료 일부를 제외하고 100달러를 현금으로 교환해준다.

‖ 스테이블코인 시가총액 순위 ‖

페이팔의 스테이블코인인 PYUSD 안내 화면. 미국 달러와 1대 1로 동일한 가치를 갖는다.

　미국 국채 또는 부동산 같은 자산을 담보로 해당 스테이블코인을 발행하며 실제 법정통화와 교환해주기 때문에 가격 변동 없이 송금이나 결제를 처리하고자 하는 수요를 흡수하여 규모가 갈수록 커지고 있다. 다만, 아직까지는 발행처를 신뢰해야 하는 문제가 있기 때문에 장기 보유에 주의를 기울여야 한다.

‖ 기존 화폐와 디지털화폐 비교 ‖

특성	일반화폐	암호화폐	스테이블코인	CBDC
발행 기관	중앙은행	민간	민간	중앙은행
발행 규모	중앙은행 재량	사전에 결정	사전에 결정	중앙은행 재량
화폐 단위	법정통화 단위	독자 단위	독자 단위	법정통화 단위
교환 가치	액면 고정	수급에 의해 결정	액면 고정	액면 고정
제반 기술	인쇄술	블록체인	블록체인	블록체인+알파

2023년 11월 코인마켓캡*에서 밝힌 스테이블코인 시가총액은 1,250억 달러로 원화 기준 164조 규모에 달한다.

● **코인마켓캡** : 암호화폐 거래소에 대한 종합 순위를 제공하는 사이트(https://coinmarketcap.com)

비트코인이
세상에 도움이 된다고?

 "봉현이형, 비트코인이 좋은 거 알겠는데 도대체 어디에 쓸 수 있는 거예요?"

 "세상에 무슨 도움이 되는 거죠? 그냥 돈 놓고 돈 먹기 아닌가요?"

운이 좋게도 신입사원 시절 회사 대표로 참가한 행사에서 비트코인에 대한 이야기를 들을 수 있었고 중동, 북아프리카 지역 수출 담당자로서 레바논, 이집트, 남아프리카 공화국, 사우디아라비아에 위치한 기업들과 거래를 한 덕분에 해당 지역 금융시스템의 문제점과 비트코인의 필요성에 대해 어렴풋하게나마 체감할 수 있었다.

당시를 떠올리면 고생스러운 기억이지만 돌아보니 비트코인이라는 신생 자산을 이해하는 데 많은 도움이 된 것 같다.

그렇다면 시가총액 700조가 넘는 비트코인은 우리가 살아가는 세상 곳곳에서 어떤 문제점을 해결해줄 수 있을까?

비트코인의 효능감 ① 가난한 사람들의 저축 수단

첫 번째로, 비트코인은 가난한 나라 사람들의 저축 수단이 될 수 있다. 가난이라는 기준이 모호하지만 월드뱅크의 조사에 따르면 은행 계좌가 없는 전 세계 인구가 대략 17억~20억 명에 달한다고 한다.

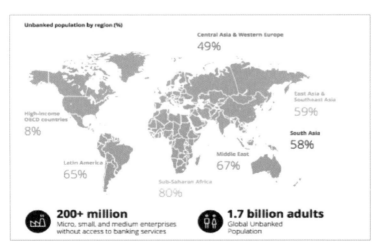

은행 계좌가 없는 사람들
(출처 : 월드뱅크)

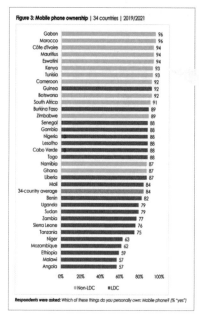

아프리카는 각 국가별로 최하 57%부터 최고 96%까지 휴대폰을 보유하고 있다.

아프리카 국가별 휴대폰 보급 비율

금융선진국에 있는 사람들은 생활비를 제외하고 남은 돈을 은행에 예금하고, 화폐 가치 하락을 막기 위해 주식을 매수하고 레버리지를 일으켜 부동산을 구입하지만 이런 나라에 살고 있는 사람들은 원시적인 방법 외에는 저축하거나 투자할 방법이 없다. 실제로 아프리카 지역은 접근성의 한계, 만연한 인플레이션, 정부와 금융기관의 부패, 자본 통제 등으로 은행 인프라를 구축하는 게 매우 복잡하고 비용이 많이 든다. 휴대폰을 이용한 모바일 송금 서비스가 존재하지만 저축에 대한 이자나 신용 점수 구축과 같은 혜택은 누리지 못한다. 게다가 집에 보관하고 있는 현금이나 재산은 도둑이나 갱단에 빼앗길 가능성도 아주 높다.

반면 2023년 기준 아프리카 대륙 국가의 평균 휴대폰 보급률은 84%에 이르는데, 인터넷만 연결되면 보유할 수 있는 비트코인은 은행 인프라가 없는 사람들이 안전하게 가치를 저장할 수 있는 하나의 수단이 된다.

비트코인의 효능감 ❷ 인플레이션 헷지 수단

비트코인은 인플레이션에 대한 헷지 수단이 될 수 있다. 인플레이션은 통화 팽창과 경제 정책 실패 등 복합적인 요인에 의해 발생하고 심화되는데 그중에서도 베네수엘라 같은 나라는 장기간의 경제 위기로 인해 자국 화폐가 가치를 잃고 제 역할을 못 하고 있다.

이런 나라에서는 돈을 버는 즉시 소비를 하거나 달러와 같이 가치가 안정적인 선진국 화폐로 바꿔야 하는데 무역수지 만성 적자라 나라 자체에 달러가 부족하고, 어렵게 구하더라도 제대로 환율을 인정받을 수도 없다. 결국, 어쩔 수 없이 자국 화폐를 저축한 중산층은 살인적인 물가상승에 의해 빈곤층으로 전락하게 된다. 실제로 베네수엘라 국민의 90%는 만성적인 빈곤에 시달리고 있다.

이처럼 자국 화폐 가치가 심각하게 훼손 중인 국가에서는 이미 광범위하게 비트코인과 스테이블코인이 사용되고 있다. 아르헨티

Here are the countries with the highest forecasted inflation rates in 2023.

Show 10 ∨ entries   Search:

Country / Region		Projected Annual Inflation % Change 2023
🏳 Zimbabwe	⬍	204.6%
🏳 Venezuela		195.0%
🏳 Sudan		76.9%
🏳 Argentina		76.1%
🏳 Turkiye		51.2%
🏳 Islamic Republic of Iran		40.0%
🏳 Sri Lanka		29.5%
🏳 Ethiopia		28.6%
🏳 Suriname		27.2%
🏳 Sierra Leone		26.8%

2023년 국가별 예상 인플레이션율

화폐로 공예품을 만들어 파는 베네수엘라 사람들

나의 경우는 경기침체와 과도한 화폐 발행 정책으로 2023년 10월, 추정 인플레이션이 180%가 넘어간다. 인플레이션을 잡기 위해 중앙은행은 기준금리를 130%로 올리며 대응하고 있지만 효과가 전혀 없는 상황이다. 2023년 11월 당선이 확정된 말레이 후보는 이런 사태를 만든 중앙은행을 폐지하고, 미국 달러를 법정통화로 지정해야 한다고 주장하고 있다. 이러한 상황에 처한 국가의 사람들에게 비트코인과 달러 스테이블코인은 대안이 아니라 필수재가 된다.

　다음의 그래프는 법정통화 대비 비트코인 시세를 보여준다. 아르헨티나 페소 가치 하락으로, 로컬 통화 대비 비트코인 시세는 연일 최고점을 갱신하고 있다.

페소 대비 비트코인 시세　　　　　달러 대비 비트코인 시세

비트코인의 효능감 ❸ 정부 통제 대응 수단

　비트코인은 정부의 통제로부터 대응하는 수단이 될 수 있다. 레바논의 경우, 2020년 코로나 이후로 경제가 악화일로를 겪으면서 자국 통화의 가치가 지난 2년 동안 90% 이상 하락했다. 1인당 GDP는 8,000달러에서 2020년 2,000달러 수준으로 급락하며 대부분 해외에서 일하는 가족이 보낸 달러로 생계를 유지하는데 외환보유고가 부족해지자 개인이 출금할 수 있는 달러의 상한을 정해둔

상태다.

얼마 전 뉴스에서 예금을 찾으러 갔다가 출금을 거부당하자 강도로 돌변한 레바논 여성의 이야기가 전해졌다. 해외에서 가족이 송금한 달러도 마음대로 찾을 수 없다. 이런 나라의 사람들은 자국 화폐와 정부를 믿지 못해 텔레그램 등 SNS를 통해 개인 간 암호화폐를 거래하며 가치를 저장하고 교환의 수단으로 사용한다.

본인 예금을 찾기 위해 은행강도가 된 레바논 여성(출처 : KBS 세계는 지금)

아프가니스탄 헤라트의 한 도시에 있는 대학생이 현금으로 비트코인을 구매하고 있다.

또한 비트코인은 여성이라고 차별받는다거나, 보유 자산이나 신용이 없다는 이유로 거절당하는 일도 없다. 누구에게나 평등하기에 인터넷만 접속할 수 있다면 비트코인 지갑을 만들고 소유할 수 있다. 한국의 업비트나 빗썸 같은 선진화된 암호화폐 거래소가 없더라도 현지에 있는 로컬 거래소를 통하거나 개인 간 거래로 비트코인을 구매하고 받을 수 있다.

송금 수수료 역시 전통적인 금융망 대비 저렴하다. 해외 송금 과정에서는 복잡한 SWIFT(국제은행간통신협회) 망을 사용해야 하는데 SWIFT 망이란 나라마다 중앙은행 결제 시스템이 다르기 때문에 송금 시 통화를 중개해줄 은행을 경유하는 시스템으로 소비자는 '송금 수수료', '전신료(은행 간 통신료)', '타발(통지) 수수료'를 모두 부담해야 한다.

50년이 넘은 구식 송금 시스템으로 인해 매년 막대한 규모의 송금 수수료가 지불되고 있는데 한 연구기관이 집계한 바에 따르면 2022년 글로벌 송금 규모는 약 900조원이며, 수수료로 지급된 금액은 70조원이 넘는 것으로 추정된다. 비트코인은 블록체인 망 위에서 이동하기 때문에 국경이 없고 1개 블록이 컨펌되는 데 10분이 소요되기 때문에 국제 송금에 활용 가능하며 수수료 역시 아주 저렴하다.

만약 상대적으로 전송 속도가 느린 게 문제가 된다면 라이트닝 네트워크˙라는 비트코인레이어2 솔루션을 활용하여 초단위로 송금이 가능하다. 비트코인이 번개처럼 날아가 로컬 통화로 전환되어, 가치가 변동되지 않으면서 저렴한 비용으로 송금을 가능하게

● **라이트닝 네트워크** : 비트코인의 느린 전송 속도를 보완해주는 기술.

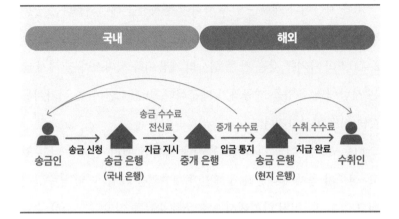

‖ 해외 송금 과정 - SWIFT 망 사용 ‖

한다. 그로 인해 해외 송금 수수료를 기존 8%에서 2% 이하로 별다른 인프라 투자 없이 획기적으로 줄일 수 있다.

인간은 이기적인 존재이기 때문에 먼 나라 사람들의 불편함을 텍스트로 나열한다고 해서 비트코인의 필요성이 설득력 있게 들리지는 않을 것 같다. 스마트폰으로 손쉽게 은행 계좌를 개설하고, 클릭 몇 번으로 대출도 받을 수 있는 한국 사람들은 비트코인의 필요성을 체감하기가 어렵다. 마음만 먹으면 인플레이션을 헷징하기 위해 삼성전자를 매수할 수 있고, 달러 표기 자산에 대한 접근성도 높아서 누구나 테슬라와 애플 주식을 보유할 수 있다. 그래서 비트코인을 마주할 때, 더 높은 수익률을 제시하는 게 아니라면 납득이 되지 않는다. 하지만 그런 와중에도 비트코인의 가치는 빠른 속도로 전

세계에 퍼지며 2023년 700조가 넘는 글로벌 자산으로 성장했다.

비싼 자산이나 재화는 인류 사회에 문제점을 해결해준다는 공통점이 있다. 애플의 시가총액이 3,000조가 넘고 마이크로소프트가 2,900조의 가치를 갖는 건 두 회사의 제품이나 서비스가 전 세계 많은 사람에게 유익을 제공하기 때문이다. 비트코인이 높은 가치를 갖는 것도 마찬가지다.

비트코인은 어느 나라에서든 인플레이션 헷지 수단이 되고 있고, 정부의 통제에 대응해서 개인이 재산권을 지킬 수 있는 수단이 되고 있고, 또 어떤 나라에서는 송금 수수료를 절약하기 위한 수단으로 쓰인다. 비트코인은 아무짝에도 쓸모없는 코드 조각이 아니며 초연결된 인터넷 망을 통해 다양한 활용 사례들이 전 세계로 공유되면서 점점 더 많은 사람들이 비트코인의 가치를 이해하고 있다. 지구는 나 혼자 살아가는 공간이 아닌 점을 다시 한 번 기억하고, 시선을 조금 멀리 두고 세상을 둘러보자. 비트코인은 정말 많은 사람에게 대안이자 희망이 되어가고 있으며 이를 증명할 때마다 가치가 상승하고 있다.

전쟁이 나면 내 주식은?
내 비트코인은?

 "봉현이형, 전쟁이 나면 내 계좌에 있는 미국 주식을
미국 가서 찾을 수 있나요?"

 "아뇨. 결론만 말씀드리면 찾을 수 없습니다!"

국내 투자자들 중에 북한 도발 및 한반도 지정학적 리스크 때문
에 달러를 모으거나 미국 주식을 매수하는 사람들이 있다. 북한이
미사일을 쏘면 환율이 치솟고, 코스피가 하락하기 때문인데, 만약
우리나라에 실제 전쟁이 발발한다면 통장에 있는 달러와 미국 주식
은 정말 도움이 될 수 있을까?

전시에 개인의 달러와 해외 주식은 정부에 귀속

나는 군사 전문가는 아니지만 예비군을 마친 민방위 대원으로서 이야기해보자면, 전쟁이 발생하면 북한군은 가장 먼저 통신 인프라 및 데이터센터를 공격할 가능성이 높고 인터넷과 전산망이 마비되면 계좌에 있는 돈은 찾지 못하게 된다. 지난 2022년 카카오톡 서버 화재 사건* 당시 국민 메신저가 이틀간 마비됐는데, 은행 서버라고 다를 수 있을까?

해외 서버를 활용해서 은행이나 증권사 시스템이 작동된다고 하더라도 전쟁 물자를 달러로 사와야 하기 때문에 달러 예금이나 해외 주식은 정부에 귀속될 수밖에 없다. 국가의 존폐 위기 앞에서 개인의 재산권은 언제든지 침해당할 수 있고 명분도 타당하다.

운 좋게 해외로 망명을 가도 문제가 된다. 해외 주식은 증권사와 한국예탁결제원이 구매 및 보관을 대행하기 때문에 애플 본사나 미국 증권거래소를 방문해도 내 이름을 찾을 수 없다. 외국 기관에는 봉현이형 이름 대신 키움증권이나 예탁결제원으로 기록되어 있다. 그래서 전쟁 같은 위급 상황이 발생하면 은행이나 예탁결제원같이 중개 기관을 통해 소유권을 인정받는 자산은 보호받지 못할 가능성

● 2022년 10월 국민 SNS를 운영하는 카카오 데이터센터 화재로 이틀간 카카오톡이 불통이 된 사고를 말한다.

이 높다. 아무리 수익률이 1,000%에 달한다고 하더라도 소유권 주장이 불가능하면 없는 것과 마찬가지다.

‖ 해외 주식 거래 및 보관 구조 ‖

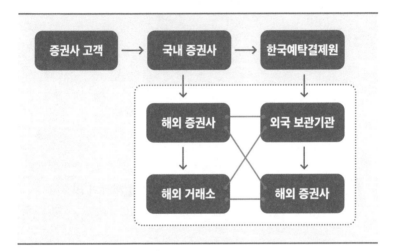

전쟁이 발생하면 국내 금융권을 통해 소유권을 인정받는 자산은 보호를 받지 못한다.

지정학적 리스크를 헷지할 수 있는 비트코인

 "봉현이형, 그렇다면 전쟁이 나도 내 계좌의 비트코인은 살아 있나요?"

 "네, 가능합니다. 도둑이나 정부에게서 빼앗길 위험도 적고 필요하다면 작게 쪼개서 24시간 내내 거래할 수도 있어요."

우리가 지정학적 위기 상황에 처했을 때, 가치 있는 건 달러 현금, 실물 골드, 그리고 비트코인 정도가 있다. 그중에서도 개인지갑에 보관 중인 비트코인은 독보적이다. 물리적 실체가 없기 때문에

● 암호화폐 거래소가 아닌 개인지갑에 보관 중인 비트코인은 비트코인 네트워크상에서 직접 비트코인을 주고받을 수 있기 때문에 365일 24시간 어떤 상황에서도 송수신이 가능하다.

이동이나 운반에 제한이 없고 주고받을 때 금처럼 18k인지 24k인지 순도나 위변조를 검증할 필요도 없다. 소수점 단위로 쪼갤 수 있어 작은 단위의 거래를 하기에 용이하고 비트코인 보유 사실을 완벽하게 숨길 수 있어 범죄나 압류 상황으로부터도 안전하다.

금을 주고받을 때 순도를 어떻게 확인할까?

인터넷만 연결되면 365일 전 세계 송수신 가능

또한 비트코인은 금이나 달러 현금과 달리 인터넷만 연결되어 있으면 365일 24시간 전 세계 어디로든 송수신이 가능하다. 스타링크로 인터넷을 사용할 수 있었던 우크라이나 정부도 전쟁 초기 비트코인과 이더리움, 스테이블코인을 통해 전 세계로부터 기부금을 성공적으로 모금할 수 있었다.

♥ jack⚡ 님이 마음에 들어 함

Ukraine / Україна ✅
@Ukraine

Stand with the people of Ukraine. Now accepting cryptocurrency donations. Bitcoin, Ethereum and USDT.

BTC - 357a3So9CbsNfBBgFYACGvxxS6t MaDoa1P

ETH and USDT (ERC-20) - 0x165CD37b4C644C292145442 9E7F9358d18A45e14

트윗 번역하기

2022년 02월 27일 · 12:29 오전 · 에 Twitter for iPhone 앱을 통해

41K 리트윗 **7,552** 인용한 트윗

비트코인, 이더리움, 스테이블코인으로 기부금을 모금하는 우크라이나 정부 트위터 화면.
필자는 2022년 2월 27일, 우크라이나 정부 계좌로 0.01BTC를 송금했고 해당 기록은 블록체인에 남아 지금도 확인이 가능하다.

탈세계화 움직임에 따라 전 세계적으로 지정학적 리스크가 늘어나고 있다. 러시아와 우크리아나가 1년 넘도록 전쟁 중이고 최근에는 이스라엘과 팔레스타인이 무력 다툼을 시작했다. 중국은 대만을 무력 침공하지 않겠다고 선언했지만, 대만 사람들은 여전히 불안감을 떨칠 수 없다.

지정학적 위기 때 주식, 부동산보다 안전한 비트코인

물론, 전쟁이 발생한다고 무조건 비트코인 가격이 오르는 건 아니다. 진쟁과 별개로 비트코인은 상품으로써 수요와 공급에 의해

가격이 결정되기 때문이다. 다만, 비트코인이 물리적 위기 상황에서 개인에게 유용한 대안이 될 수 있다는 점은 꼭 기억하자. 부동산은 전쟁이 발생하면 폭격으로 사라질 위험도 있고 거래도 불가능해서 오히려 짐이 될 수 있다. 주식 역시 거래가 불가능해서 가치 없는 종이 쪼가리가 될 수 있다.

분단국가에 살고 있지만, 전쟁 위협을 겪지 않은 채 꽤 오랜 기간 살아와서 그런지 전쟁이 날 수 있으니 비트코인을 사둬야 한다는 주장은 너무 극단적으로 들린다. 그래도 만약을 가정해보자. 우리나라에 갑자기 전쟁이 발생하면 어떤 자산이 나와 내 가족을 보호해줄 수 있을까? 전쟁을 바라는 사람은 없을 거라 생각하지만, 혹시라도 본인이 살고 있는 지역에 지정학적인 리스크가 상존한다면 비트코인을 일정량 보유하는 건 지극히 합리적인 선택 아닐까?

불법에 쓰이는 비트코인인데 투자하는 게 맞나요?

 "테러나 범죄에 비트코인이 쓰이던데… 불법을 막으려면 없어져야 하는 거 아니에요?"

 "과연 그럴까요? 그럼 비트코인이 없어지면 이 세상의 모든 불법이 없어지는 건가요?"

비트코인을 부정하는 사람 중 일부는 불법에 활용되기 때문에 비트코인에 관심을 갖는 건 나쁘다는 도덕적 잣대를 제시한다. 비트코인에 대해서도, 화폐에 대해서도 잘 모르기 때문에 가질 수 있는 태도라고 생각한다.

실제 초창기 비트코인은 마약 거래에 사용됐고, 자금세탁 용도로도 어느 정도 사용되고 있다. 어느 정도라고 표현한 이유는 블록체인 장부에 비트코인의 모든 이동 내역이 기록되기 때문에 추적이 가능해서 대규모 범죄에 사용하기에는 다소 어려운 부분이 있다. 게다가 여전히 자금세탁이나, 테러, 범죄에는 5만원권, 100달러짜리 법정통화가 더 많이 쓰인다. 북한은 100달러짜리 지폐를 감쪽같이 위조하고 위폐 전문가도 구분이 불가능하다고 한다. 그러나 비트코인은 복제가 불가능하다. 해킹을 통해 암호화폐를 탈취하고 있지만 이는 사용자 스스로 보안을 강화함으로써 예방해야 하는 문제다.

법정통화보다 투명한 비트코인 이동 내역

범죄는 화폐와 무관하게 발생한다. 오히려 비트코인은 블록체인에 이동 내역이 모두 투명하게 거래되기 때문에 이를 현금화하거나 사용하는 순간을 포착할 경우 관련된 모든 사람을 특정해서 일망타진할 수 있다. 그래서 소액은 범죄에 활용될 수 있겠지만, 정말 큰 단위의 범죄에 쓰기에는 적합하지 않다.

암호화폐 업계에서 유명한 캐서린 혼은 과거 미국 법무부연방검사로 재직하며 비트코인은 기소할 수 없다는 결론을 내렸다. "블록체인은 물리적 세계에서 실물 재화가 잘 남기지 않는 방식으로 디지털 부스러기를 남깁니다."라고 말하며 블록체인의 투명성과 비트코인의 원장을 사용하여 돈을 추적할 수 있는 기능을 높게 평가했다.

캐서린 혼은 미국 국가안보 관련 검사 차관보를 역임하며 금융사기, 사이버 범죄, 디지털화폐 관련 업무를 중점적으로 담당했으며 현재는 암호화폐 업계에 종사하고 있다.(사진 출처 : 캐서린 혼 트위터)

나쁜 사람이 선택한 화폐가 진짜 좋은 화폐?

좋은 화폐는 사용자의 도덕성을 판단하지 않는다. 전과 10범도, 아무런 죄가 없는 평범한 사람도 얼마든지 화폐를 사용할 수 있다. 착한 사람만 사용할 수 있는 돈이 있다면 세상은 갈등과 분열이 없는 아름다운 곳이 될까? 오히려 물물교환의 비효율 시대로 돌아가야 할지 모르고, 그 과정에서 또 다른 범죄가 생겨날 수 있다.

또한 착한 사람의 기준은 누가 정할 것이며, 모든 거래에서 사용자의 도덕성을 언제 어떻게 어떤 방식으로 판단할지도 문제가 된다. 결국, 화폐는 화폐의 본연적인 기능과 역할에만 충실하면 되고, 그 외 범죄의 영역은 정부나 수사기관에서 고민하고 처리할 문제다.

비트코인을 마주할 때 도덕적인 기준을 들이대기보다는 앞으로 세상에서 필요한 존재인지를 검증하는 데 집중하는 게 여러 측면에서 더 좋을 것 같다. 비트코인이 없어진다고 해서 세상의 모든 범죄가 사라지는 것은 아니며, 만약 그럴 수 있다면 내가 가진 모든 비트코인이 사라져도 상관이 없을 것 같다.

비트코인이 전기 낭비 주범?
환경오염 주범?

  "봉현이형, 비트코인 채굴은 전기 낭비 아닌가요? 사
회에 도움도 안 되고 자원이 낭비되는데 오래 버틸
수 있을까요? 요즘은 전기요금도 비싼데 그런 걸 아
껴야죠!"

  "글쎄요. 남아도는 전기를 활용하면 오히려 자원 활
용 아닐까요?"

비트코인에 대한 대표적인 오해 중 하나는 채굴하느라 전기를
소비하기 때문에 자원 낭비라는 이야기다. 이건 어떤 상황에서는
맞는 말이고, 어떤 상황에서는 맞지 않는 말이 될 수 있다. 전기가

부족한 지역이나, 전력 수요가 높은 시간대에 비트코인을 채굴하는 건 낭비가 될 수 있지만 남는 전기를 활용하면 전기산업을 최적화 시킬 가능성이 있기 때문이다.

전기산업이 다른 산업과 구분되는 특징 중 하나는 바로 생산 능력이 최대 수요에 맞춰 있다는 점이다. 전기가 부족하면 사회가 멈추기 때문에 어느 국가든 최대 수요를 기준으로 생산 능력을 정한다. 그래서 필연적으로 전기 수요가 적거나 평균인 기간에는 전력 생산에 여유가 생긴다.

남는 전기로 비트코인 채굴을 하는 엑슨모빌 사례

물론, 남는 전기를 저장하고 다른 지역으로 전송할 수 있지만 이 과정에서 많은 양이 휘발되기 때문에 생산지에서 바로 소비하는 것이 가장 효율적이다. 이때 남는 전기를 활용해서 비트코인을 채굴하고 글로벌 시장에 판매하면 기업은 추가적인 이익을 얻을 수 있다.

세계 최대 에너지 기업 엑슨모빌은 낭비되는 천연가스로 생산한 전기를 비트코인 채굴 작업에 사용하는 파일럿 프로젝트를 진행 중이다. 원유를 채굴하는 과정에서 필연적으로 천연가스가 발생하는데, 타산이 맞지 않아 태워버리던 걸 활용해서 비트코인을 채굴한다는 내용이다. 이를 통해 추가적인 수익을 얻을 수 있고 플레어링 (연소해서 버리는 것)에 비해 이산화탄소 등 온실가스 배출량도 50% 이

엑슨모빌은 미국 외 지역에서 비트코인 채굴 프로젝트를 고려하고 있다고 밝혔다.
(사진 출처 : 엑슨모빌 홈페이지)

상 줄일 수 있다.

국내 재생에너지 사업과 비트코인 채굴 아이디어

또한 비트코인 채굴은 재생에너지 발전 사업의 수익성을 개선할 수 있다. 애플, 마이크로소프트, 삼성, 나이키 등 국내외 글로벌 기업을 필두로 진행되는 RE100 캠페인*은 풍력, 태양광 등 재생 가능한 에너지로 100% 전환하자는 자발적인 움직임이다. 법적인 구속력은 없지만 RE100에 가입하지 않을 경우 해외 소비자가 외면하여 자연스럽게 규제 역할을 하는데, 우리나라의 경우 낮은 수익성으로 인해 재생에너지 전환에 어려움을 겪고 있다.

2022년 제주도에서는 풍력·태양광 발전 제한이 132회나 이루어졌고, 올해 상반기만 해도 60회가 넘는다. 이는 전력 생산이 과도한 시점에 전기를 저장할 곳이 마땅치 않아 취해진 조치다. 신재생에너지 과잉 발전은 송·배전 설비에 과부하를 가져오고 대규모 정전 위험도 높은 편이다.

이럴 때 남는 전기로 비트코인을 채굴해서 글로벌 시장에 매도하는 아이디어는 어떨까? 2022년 한 해 적자만 30조가 넘는 한국전력이 전기요금 인상을 검토하기에 앞서, 남는 전기를 활용해 비트코인 채굴을 진행한다면 수익성도 개선하고 재생에너지 전환도 더

● **RE100 캠페인** : 사용하는 전력을 태양광, 풍력 등 재생에너지로 충당하겠다는 캠페인으로 2014년 영국 런던의 다국적 비영리기구 '더 클라이밋 그룹'에서 발족됐다.

수월하지 않을까?

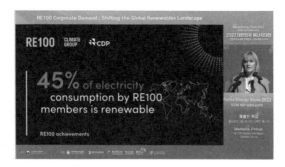

산업통상자원부가 주최한 RE100 관련 컨퍼런스. 원자력 발전은 RE100에 포함되지 않는다.

2023년 1분기 미국 텍사스주 기반의 비트코인 채굴 위원회 (Bitcoin Mining Council)* 보고서에 따르면 비트코인 채굴 산업에서 지

미국 비트코인 채굴 위원회에 참가한 회사들

● **비트코인 채굴 위원회(Bitcoin Mining Council)** : 전 세계 44개 채굴회사들이 가입되어 있으며, 전체 채굴회사 중 50% 정도를 차지한다.

속 가능한 에너지를 사용하는 비율이 60% 수준까지 늘어났다고 한다. 이는 값싼 전기를 찾으려는 비트코인 채굴자와 수익성을 높이려는 재생에너지 발전 사업자 간의 수요가 서로 일치했기 때문이다.

나는 평범한 직장인이라 기후 위기가 거짓이라는 일부 인플루언서들의 주장에 반박할 만한 지식은 없지만, 만약 친환경 에너지 발전이 시대의 요구라면 비트코인 채굴 산업은 재생에너지 100% 전환 목표를 달성하는 데 중요한 산업이 될 것 같다.

비트코인 투자의 특장점 5가지

 "그래서 비트코인을 사야 하는 이유가 뭐예요? 우리
나라에서 투자할 건 주식도 있고, 부동산도 있잖아
요?"

 "수요가 지속되고 공급이 제한된 자산이니까요. 그리
고 아직 더 오를 수 있으니까요."

2015년 입사 이후, 나만의 투자원칙을 세우기까지 많은 시행착
오를 거쳤다. 2016년도에는 반기문 테마주에 투자해서 1년치 연봉
을 날렸고, 국내 중소형주에 투자하면서 별다른 수익 없이 밤잠만
설쳤던 기억이 있다. 짧지만 굴곡이 많았던 투자 경험을 통해 나는

한 가지 실패하지 않는 원칙을 도출해냈다.

봉현이형 투자원칙

"수요가 지속되고
공급이 제한적인 자산의 가치는 상승한다."

나는 위와 같이 단순하고 간결한 원칙에 부합하는 자산을 찾는
데 집중했다. 전 세계 80억 인구를 대상으로 앞으로 10년 동안 수
요가 늘어나는 자산을 고민했고, 매일 아침 경제신문을 읽고, 유튜
브로 해외 포럼을 시청하며 세상을 관찰한 결과 전 세계 사람들의
넥스트 스텝 중 하나가 비트코인이라는 결론을 내렸다. 갈등과 분
열의 시대 가치관이 파편화된 세상에서 비트코인은 투자 대상으로
서 전통적인 주식이나 부동산 대비 장점이 있다. 내가 생각한 비트
코인 장점은 5가지로 요약된다.

비트코인의 특장점 ❶ 전 세계 인구가 접근 가능한 자산

우선 비트코인은 전 세계 80억 인구 모두가 접근 가능하다. 애플
주식이나 삼성전자 주식은 금융 선진국에 속한 일부 국민들만 직접

매수할 수 있지만, 비트코인은 인터넷만 접속 가능하면 아프리카, 아메리카, 아시아, 중동 등 어느 지역에서든 누구나 구매하고 보유할 수 있다. 향후 자산을 매각해야 하는 시점에 가치를 제대로 평가받기 위해선 수요가 충분해야 하는데 국내 지방 부동산이나 중소형 종목보다는 비트코인의 수요나 시장이 더 크다고 볼 수 있다.

비트코인의 특장점 ❷ 젊은 세대가 주도권을 갖는 자산

비트코인은 개인이 기관을 선도할 수 있는 자산이다. MZ세대인 내가 사회에 나온 시점에는 이미 서울 부동산과 글로벌 우량회사 주식은 비싼 상태였다. 시장 자체도 성숙했고 비효율이 많지 않아 좋은 자산을 싸게 사는 건 코로나 같은 이슈가 아니면 사실상 불가능한 상황이었다. 이미 기관이나 기업이 시장을 주도하고 앞선 세대가 좋은 자산을 선점했기 때문이다.

그러나 비트코인은 일부 기업들이 보유하고 있지만 여전히 개인이 주도권을 가지고 있는 시장이고 그중에서도 구매력 있는 베이비부머 세대는 디지털자산에 대한 이해도나 포용도가 상대적으로 낮은 편이다. 신생자산 초창기 투자는 자주 오는 기회가 아닌데 비트코인은 디지털 환경에 친숙한 젊은 세대에게 좋은 투자자산이자 기회라고 생각한다. 특히 2024년에는 금융시장 규모가 가장 큰 미국에서 비트코인 현물 ETF*가 높은 확률로 승인 대기 중이며 이후 기관 투자자들의 본격적인 유입이 예상되기 때문에 가급적이면 그 전에 매수를 시작하는 게 좋을 것 같다.

비트코인의 특장점 ❸ 아직 세금이 없는 자산

비트코인 투자는 아직 세금이 없다. 미국 주식의 경우 매도 차익에 대해 비과세 250만원을 제외하고도 양도세 20%와 주민세 2%를 납부해야 한다. 부동산도 물건에 따라, 조건에 따라 조금씩 다르지만 취등록세와 양도세, 보유세 등이 부과된다. 국내 기준으로 암호화폐는 2024년 말까지 매도차익에 대한 양도세 유예가 예정되어 있고 이는 세금 측면에서 분명한 장점이 될 수 있다.

비트코인의 특장점 ❹ 온라인에서 가장 먼저 희소성 구현

비트코인은 변화하는 트렌드에 부합하는 자산이다. 과거 산업화 시대를 돌아보면 제품을 생산하기 위해서는 토지, 노동, 자본 3가지 요소가 골고루 필요했다. 그래서 특정 지역의 공장을 중심으로

- **비트코인 현물 ETF** : 투자금으로 기초자산을 구매하여 보유하는 것으로, 투자금이 들어오는 만큼 해당 기관은 비트코인을 시장에서 구매해야 하기 때문에 높은 가격 상승을 기대하고 있다. 이후 주식시장에 ETF 형태로 상장되어 기존 주식거래 앱을 통해 거래가 가능해진다.

일자리가 생기고 사람이 모이고 인근 부동산의 가치가 자연스럽게 상승했다.

하지만 요즘에는 가치를 만드는 데 토지와 자본이 필수적인 요소는 아니다. 휴대폰 하나만 들고 세계 여행을 다니는 어떤 유튜버는 수십억의 설비와 거대한 토지, 많은 노동자를 갖춘 기업보다 더 많은 가치를 혼자 생산해낸다. 초연결된 인터넷 망을 따라 다양한 국적의 크리에이터들이 디지털 공간에서 콘텐츠를 통해 가치를 만들어낸다. 이때 발생하는 가치들이 자연스럽게 담기는 곳은 오프라인이 아닌 온라인 공간이 될 텐데 여러 디지털자산 중에서 희소성을 가장 먼저 구현한 비트코인이 주목을 받을 수 있다.

비트코인의 특장점 ⑤ 재산권 침해를 방어하는 자산

마지막으로 비트코인은 점점 적극적으로 바뀌는 증세 환경 속에서 도피처 역할이 가능하다. 저출산 고령화로 인한 복지 비용 증가는 필연적으로 등기를 통해 인정받는 재산에 대한 증세를 수반하는데, 이때 개인지갑에 보관 중인 비트코인은 언제든지 국경을 넘을 수 있어 정부가 개인의 재산권을 침해하는 상황에 대비할 수 있는 수단이 된다. 탈세를 조장하려는 의도는 결코 아니지만, 어떤 위기 상황에서 개인이 정부로부터 재산을 지킬 수 있는 유일한 방법인 점은 꼭 기억해야 한다.

여전히 미지의 자산인 비트코인에 대해 나는 다양한 관점에서 이해하려는 시도를 해봤다. 우리가 살아가는 세상에서 변화는 이미 시작됐고, 조금만 주의 깊게 관찰하면 비트코인을 보유해야 하는 이유를 찾을 수 있다.

이런 흐름에 앞서 비트코인의 가능성을 검토해보고 본인에게 맞는 목표를 설정하고 투자하라는 조언을 해주고 싶다. 그저 비트코인 가격이 오를 거니까 무지성 투자하라는 뜻은 아니다. 충분히 공부해보고 확신이 서는 만큼의 비율로 암호화폐 자산을 구성하는 걸 추천한다.

2부

나도 월급날
비트코인에 투자하려면?

비트코인 반감기
- 공급과 수요 4년 사이클

 "봉현이형, 비트코인 반감기가 뭐예요? 그거 지나면 가격이 무조건 오른다던데요?"

 "비트코인 채굴 보상이 반으로 줄어드는 시기를 말하는 거예요. 수요가 늘어난다는 가정하에 신규 공급이 줄어들면 당연히 가격이 오르겠죠?"

비트코인의 신규 공급량은 4년마다 반으로 줄어드는데 이를 '비트코인 반감기(Bitcoin Halving)'라고 부른다. 블록*에는 비트코인을

● **블록** : 비트코인을 주고받은 거래 기록이 담긴 데이터 묶음.

주고받은 거래내역이 담기고, 블록이 생성되는데 평균적으로 10분이 소요되고 21만 번째 블록마다 비트코인 채굴 보상이 반으로 줄어든다.

최초에는 1개 블록당 50개의 비트코인을 지급했고 3번의 반감기를 거친 현재는 1개 블록당 6.25개의 비트코인을 보상으로 가져갈 수 있다. 다음 반감기는 2024년 4월 말~5월로 예상되며, 이후부터는 1블록당 3.125개의 비트코인이 새롭게 시장에 공급된다.

‖ 비트코인 반감기에 따른 공급량 ‖

블록순번	1블록당 보상BTC	총 채굴량(개수)	반감되는 시기
0-209999번째	50	10,500,000	2009년 1월 채굴 시작
210000-419999번째	25	5,250,000	2012년
420000-629999번째	12.5	2,625,000	2016년
630000-839999번째	6.25	1,312,500	2020년
840000-1049999번째	3.125	656,250	*2024년 4~5월 예상
1050000-1259999번째	1.563	328,125	2028년
1260000-1469999번째	0.781	164,063	2032년
1470000-1679999번째	0.391	82,031	2036년
1680000-1889999번째	0.195	41,016	2040년
1890000-2099999번째	0.098	20,508	2044년
2100000-2309999번째	0.049	10,254	2048년
2310000-2519999번째	0.024	5,127	2052년
2520000-2729999번째	0.012	2,563	2056년
2730000-2939999번째	0.006	1,282	2060년
2940000-3149999번째	0.003	641	2064년
3150000-3359999번째	0.002	320	2068년
3360000-3569999번째	0.001	160	2072년
3570000-3779999번째	0.00038	80	2076년
3780000-3989999번째	0.00019	40	2080년
3990000-4199999번째	0.00010	20	2084년
4200000-4409999번째	0.00005	10	2088년
4410000-4619999번째	0.00002	5.0	2092년
4620000-4829999번째	0.00001	2.5	2096년
4830000-5039999번째	0.00001	1.3	2100년
5040000-5249999번째	0.000003	0.6	2104년
5250000-5459999번째	0.000001	0.3129	2108년
5460000-5669999번째	0.000001	0.1565	2112년
5670000-5879999번째	0.0000004	0.0782	2116년
5880000-6089999번째	0.0000002	0.0391	2120년
6090000-6299999번째	0.0000001	0.0196	2124년
6300000-6509999번째	0.00000005	0.0098	2128년
6510000-6719999번째	0.00000002	0.0049	2132년
		총 채굴량 2,1000만개	
6720000번째~	보상없음	보상없음	-

반감기는 비트코인 신규 공급이 줄어드는 걸 말한다.
2024년 4월 말~5월에 반감기가 예상되며 공급이 줄어든 만큼 희소성 때문에 가치가 올라갈 것으로 본다.

반감기마다 20배 이상 폭등한 비트코인 시세

일반적으로 어떤 상품이나 서비스의 가격이 오르면 그에 따라 공급량이 자연스럽게 늘어나고 시장에서 가격이 조정되는 데 비해, 비트코인은 발행 일정과 발행 총량이 프로그램에 의해 고정되어 있어 예측이 가능하고 시간이 지날수록 희소성을 갖는다. 비트코인은 2009년 1월 첫 채굴 이후 3번의 반감기를 거쳤고, 그때마다 가격은 20배 이상 폭등했다. 이후 여러 가지 이슈로 인해 급등락을 반복했지만 장기적으로 보면 안정적인 우상향 그래프를 그리고 있다.

‖ 비트코인 반감기 가격 차트 ‖

2023년 11월 기준 2,100만 개의 비트코인 중 1,953만 개가 이미 발행됐고 남은 비트코인은 겨우 147만 개로 앞으로 비트코인을 확보하기 위한 채굴 경쟁은 더 심해질 예정이다. 남아 있는 7%가량의 비트코인은 4년 주기로 반감기를 거쳐 최종적으로 2130년 전후로 채굴이 완료될 것으로 예상된다.

물론, 채굴이 완료되더라도 비트코인 시스템이 멈추는 건 아니다. 비트코인을 주고받는 일은 채굴자와 노드에 의해 지속 가능하다. 네트워크는 송신을 희망하는 사용자로부터 수수료를 비트코인으로 지급받아 운영된다.

비트코인 현물 ETF와 금 현물 ETF 비교

 "봉현이형, 비트코인을 디지털 금이라 하는데 진짜 금과 어떤 차이가 있죠?"

 "희소성 측면에서 비슷한 면이 많지요. 하지만 앞으로 비트코인이 진짜 금보다 더 나은 위치를 차지할 수도 있을 것 같아요."

비트코인 투자자 입장에서 4번째 반감기 외에도, 2024년이 기대되는 이유는 바로 비트코인 현물 ETF 때문이다. 디지털 금과 비교되는 비트코인은 2023년 세계 최대 자산운용사 블랙록을 필두로 피델리티, 아크인베스트 등 주요 자산운용사들이 현물 ETF를 신청하며 자산 시장 규모가 가장 큰 미국에서 출시가 임박한 상황이다.

비트코인 현물 ETF 이슈 - 큰손들 포트폴리오 재편

비트코인의 경우 개별 기업이 보유하기에는 회계 기준이 분명하지 않았고, 구매하고 보유하기에 까다로운 부분이 있었다. 그러나 현물 ETF가 증시에서 거래되면 대형 기관 투자자들은 그동안 각종 규제로 살 수 없었던 비트코인을 포트폴리오에 손쉽게 추가할 수 있게 된다.

금의 경우 현물 ETF 승인 이후, 풍부한 유동성이 공급되면서 가격 상승세를 이어갔는데 세계 최초의 금 현물 ETF인 SPDR 펀드의 GLD ETF의 경우 2004년 11월 상장 이후 2011년까지 7년 동안 가격이 3배 가까이 상승했다.

금 현물 ETF인 SPDR 골드
셰어즈 가격 흐름.
금 역시 현물 ETF 승인 이후
가격 상승세를 이어갔다.

금 ETF보다 비트코인 ETF가 기대되는 이유

금 ETF보다 비트코인 ETF가 기대되는 이유는 바로 공급량 때문이다. 금 ETF는 출시 이후 가격이 오르면서 동시에 금의 채산성이 높아지고 생산량이 늘어난 데 비해 비트코인은 수요가 늘어나더라도 생산량을 늘릴 수 없기 때문에 금과는 분명한 차이가 있다.

아래 표는 연도별 금 생산량이다. 2004년 이후 지속적으로 금의 채굴량이 늘어나고 있음을 알 수 있다.

‖ 연도별 금 생산량 ‖

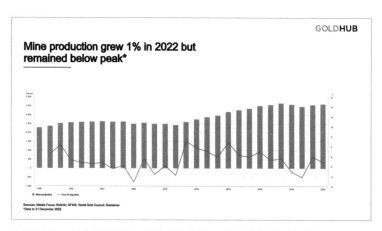

금 ETF 출시 이후 채굴량이 늘어가고 있다. 하지만 비트코인은 생산량을 늘릴 수 없다.

128

나 역시 미래를 맞출 능력은 없기에 비트코인 현물 ETF 출시 이후 가격이 오를지에 대해 단정 지을 수 없다. 하지만 금보다 더 희소하며 앞으로의 세상에서 기업과 국가 단위의 수요가 늘어날 경우 금 ETF 출시와는 비교할 수 없을 만큼의 가격 상승을 기대할 수 있지 않을까?

비트코인, 왜 적립식으로 투자해야 하는가?

 "봉현이형, 예금이나 적금은 이자가 나오는데 혹시 비트코인도 이자가 붙나요?"

 "아니요. 비트코인은 이자가 붙지 않아요. 시세차익을 기대하며 꾸준히 매수하는 자산입니다. 따라서 당장의 이자수익을 기대한다면 오래 투자하기 힘들어요."

비트코인은 주식이나 예금처럼 배당이나 이자가 지급되는 상품이 아니기 때문에 보유 중인 현금을 가지고 매수하고 차익이 날 때까지 기다리는 투사를 해야 한다. 조금은 지부할 수 있지만 금 현물에 투자하듯이 매수하고 오랜 시간 잊고 지내면 좋은 수익을 낼 수 있다. 따라서 당장 필요한 돈을 투자하거나 빚을 내서 투자한다면 말리고 싶다. 있어도 그만, 없어도 그만인 돈을 투자해야 한다.

이자수익보다 시세차익 기대, 부담 없이 마음 편한 적립식 투자 추천

투자하는 방법도 정말 단순하다. 137쪽에서 자세히 설명하겠지만 암호화폐 거래소에 현금을 입금하고, 비트코인을 매수하면 된다. 매수에 활용되는 여러 가지 지표들이 있지만, 초보자라면 대외적인 환경은 무시하고 우선은 꾸준히 일정 금액을 적립식으로 매수하는 걸 추천한다.

이런 방식을 DCA(Dollar Cost Averaging)라고 부르는데 자산 가격과 상관없이 정해진 기간에 정기적으로 분할 투자하는 금융시장 투자전략이다. 변동성이 큰 비트코인을 다양한 가격대에서 매수하여 포트폴리오에 미치는 변동성을 줄일 수 있는데, 여기에 더해서 본인 매입 단가보다 가격이 낮아질 경우 매수 금액을 2~3배 늘리는 적극적인 투자를 추천한다. 변동성을 활용해서 수익을 극대화할 수 있는 유일한 방법이다.

필자의 경우 월급날마다 비트코인과 4차산업 시대 우량주식을 50대 50으로 구성하여 꾸준하게 매수하고 있으며, 첫 매수를 시작한 2016년 말 이후로 현재까지 단 1주도, 단 1개의 비트코인도 매도하지 않고 보유 중이다.

‖ 봉헌이형 월급날 투자 포트폴리오 ‖

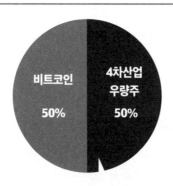

4차산업 우량주 세부 포트폴리오는
《나는 월급날, 주식을 산다》 참고

국내 거래소 비트코인은 왜 더 비쌀까?
(ft. 김치 프리미엄)

 "국내 거래소에서 비트코인을 사면 더 비싸다던데 좀 더 싸게 사려면 해외 거래소에서 사야 할까요?"

 "일명 '김치 프리미엄'이 붙어서 국내 거래소 비트코인이 좀 비싼 편이긴 해요. 수수료 등을 비교했을 때 개인적으로 큰 차이는 없어 보여서 그냥 국내 거래소에서 비트코인을 사고 있어요."

국내 거래소의 비트코인 가격이 해외 거래소와 차이가 나는 경우도 있는데 이를 '김치 프리미엄'*이라고 부른다. 김프가(KIMPGA) 사이트(https://kimpga.com)를 통해 현재 국내에서 거래되는 비트코인의 가격이 국제 시세 대비 얼마나 비싼지를 알 수 있다. 김프가 사이트에 들어가면 국내 거래소와 해외 거래소에서 거래되는 비트코인의 가격 차이를 실시간으로 확인할 수 있다. 다음 그래프에서 +2.42%는 국내 거래소(업비트)의 비트코인 가격이 해외 거래소(바이낸스)의 비트코인 가격보다 더 비싸다는 뜻이다. 마이너스인 경우는 반대로 더 싸다는 뜻이다.

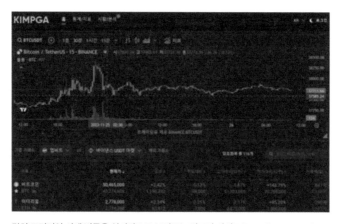

김치 프리미엄 시세 변동을 실시간으로 보여주는 김프가 사이트(https://kimpga.com)

● **김치 프리미엄** : 국내 암호화폐 거래소와 해외 거래소의 비트코인 가격에 차이가 발생하는 현상을 말한다.

해외에 거주한다면 국외 거래소 이용 추천

만약 본인이 해외에 거주 중이고 국내 거래소와 해외 거래소 모두 사용 가능하다면 가격을 비교해보고 더 싼 거래소에서 매수하는 편이 비트코인의 수량을 늘리는 데 유리하다. 다만 국내에 거주하고 해외 은행 계좌가 없는 경우에는 프리미엄을 더 주더라도 국내 거래소에서 매수할 수밖에 없으니 위의 지표는 참고만 하자.

일반적으로 김치 프리미엄은 0~2% 수준이나, 종종 국내 거래소에서 더 저렴한 가격에 거래되는 경우도 있다.

거래소를 선택할 때 참고할 만한 사이트

암호화폐 거래소에 대한 종합 순위를 제공하는 코인마켓캡 (https://coinmarketcap.com))을 보면 2023년 11월 기준으로 국내 5개 거래소가(업비트 12위, 빗썸 15위, 코빗 26위, 코인원 28위, 고팍스 120위) 랭크되어 있으며 해당 홈페이지를 통해 종합점수를 확인해볼 수 있다. 다만, 어디까지나 해당 사이트의 주관적인 평가이므로 본인이 각 거래소의 리스크 요인을 살펴볼 필요가 있다.

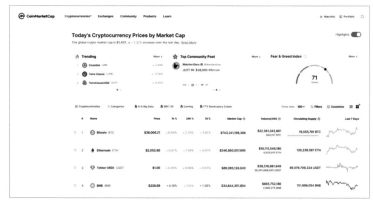

암호화폐 거래소 종합 순위 사이트 코인마켓캡(https://coinmarketcap.com)

비트코인 매수 3단계
한눈에 파악하기

 "비트코인을 사고 싶은데 어디서 사면 될까요? 은행에서? 아니면 증권사에서? 막상 사려고 하니 막막하네요."

 "은행이나 증권사에서 곧바로 비트코인을 살 순 없어요. 암호화폐 거래소마다 지정하는 은행으로 돈을 보낸 후 거래소에 입금해야 거래가 가능해요."

이번 장에서는 비트코인을 어떻게 매수하는지 대략의 단계를 살펴보고자 한다.

비트코인 탄생 초기에는 SNS 등을 통해 개인과 개인이 직접 거래하였으나 다양한 수요를 충족하기 위해 자연스럽게 비트코인 거래를 중개하는 암호화폐 중개소가 생겨났다.

한국에서 원화로 월급을 받는 필자의 경우 국내에 있는 암호화폐 거래소를 통해 원화를 입금하고 비트코인을 매수한다.

국내 암호화폐 거래소는 총 5개
고팍스, 빗썸, 업비트, 코인원, 코빗

2023년 기준, 국내에서 원화 입금 가능한 암호화폐 거래소는 총 다섯 군데(고팍스, 빗썸, 업비트, 코인원, 코빗)가 있는데 각 거래소마다 지정된 은행을 통해서 원화를 입금한 후 거래소로 다시 입금하면 간편하게 비트코인을 매수할 수 있다. 매수, 매도 시 수수료는 0.05~0.25%로 거래소마다 조금씩 차이가 있으며, 거래 금액에 따라 할인받을 수 있고, 종종 수수료 무료 이벤트도 진행하기 때문에 각자 비교해보고 본인에게 맞는 거래소를 선택하면 된다.

금융위원회 심사를 통과하여 신고된 가상자산사업자 5개(2023년 6월 16일 기준)

‖ 거래소별 지정 은행 현황 ‖

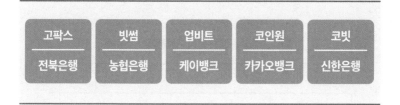

고팍스	빗썸	업비트	코인원	코빗
전북은행	농협은행	케이뱅크	카카오뱅크	신한은행

비트코인 매수 3단계 살펴보기(업비트 기준)

다음은 비트코인을 매수하는 과정을 도표로 나타낸 것이다. 업비트(암호화폐 거래소)에서 지정한 은행은 케이뱅크로, 이곳을 통해서만 업비트 입금이 가능하다. 따라서 케이뱅크 계좌가 없다면 따로 개설해야 한다.

‖ 지정 은행 → 거래소 입금하는 절차(ft. 업비트 기준) ‖

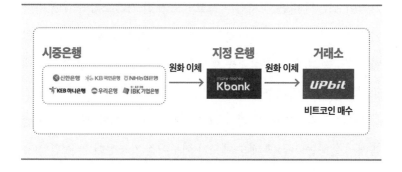

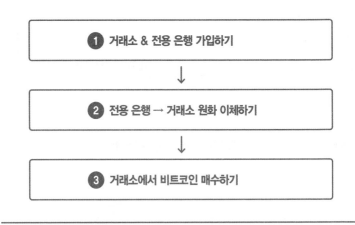

‖ 비트코인 매수 3단계 ‖

① 거래소와 전용 은행에 가입했다면 **②** 전용 은행에서 ⟶ 거래소로 원화를 이체한 뒤 **③** 거래소에서 비트코인을 매수하면 된다.

비트코인은 거래소마다 가격이 조금씩 상이한데, 금은방마다 금 가격이 조금씩 다른 것처럼 비트코인도 개별 거래소의 수급에 따라 가격이 소폭 다르다. 물론 일시적으로 차이가 발생할 수 있지만 일반적으로는 비슷한 가격대를 형성하기 때문에 자주 사용하는 거래소에서 편하게 거래하면 될 것 같다.

개인적으로 거래량이 가장 많은 업비트를 선호하는데 호가가 촘촘해서 원하는 가격에 매수·매도가 이루어질 가능성이 높은 편이다.

거래소별 시세정보 ⓘ			
거래소	현재가	전일대비	등락률
빗썸	49,051,000	▲ 368,000	+0.76%
업비트	49,072,000	▼ 318,000	-0.64%

네이버 비트코인 시세 정보 - 빗썸과 업비트의 실시간 거래가격
이 노출된다.

그러면 다음 장에서 비트코인 매수법에 대해 자세히 살펴보도록
하자.

비트코인 매수 실천법 ①
거래소 & 전용 은행 가입하기
(ft. 업비트, 케이뱅크)

 "봉현이형, 나는 빗썸 거래소에서 사고 싶은데 그러려면 어떻게 하죠?"

 "빗썸 전용 은행은 농협은행이네요. 농협계좌가 있다면 빗썸만 가입하면 돼요."

비트코인에 투자하는 방법은 정말 간단하다. 암호화폐 거래소에 현금을 입금하고, 비트코인을 매수하면 된다. 여기서는 필자가 자주 사용하는 업비트 거래소를 기준으로 거래할 준비를 차근차근 따라해보자.

먼저 업비트 거래소에 원화를 입금하기 위해서는 지정된 은행인 케이뱅크에 가입하여 원화 출입금 계좌를 만들어야 한다. 케이뱅크는 일부 사람들에게 생소할 수 있지만 KT의 자회사 비씨카드와 우리은행, NH투자증권 등이 주요 주주로 있어 시중은행만큼 안전한 지배구조를 갖춘 대한민국 최초의 인터넷전문은행이다. 별도 오프라인 영업점은 없으며 신분증과 본인 명의의 휴대폰만 있으면 모바일로 간편하게 가입 및 입출금 계좌 개설이 가능하다.

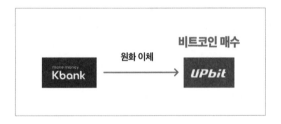

1 │ 업비트 전용 은행 케이뱅크 가입하기

구글 플레이스토어(안드로이드) 또는 앱스토어(아이폰)에서 케이뱅크를 검색하고 앱을 설치한 후 가입 절차에 따라 입출금 계좌를 개설해보자.

업비트 거래소에 원화를 입금하기
위해서는 지정 은행인 케이뱅크에
가입하여 계좌를 만들어야 한다.

2 | 업비트 거래소 가입하기

케이뱅크 가입 및 계좌 개설을 완료한 후에는 암호화폐 거래소 업비트*에 가입해보자. 케이뱅크와 동일하게 앱을 설치하고 본인 인증을 통해 가입을 진행하여 계좌를 개설하면 된다.

● **업비트** : 업비트 거래소를 운영하는 두나무 주식회사는 카카오 그룹이 직간접적으로 20% 이상 지분을 보유하고 있으며, PC와 모바일 거래 모두 지원하지만 비트코인을 적립식으로 매수하는 단순한 투자에는 모바일 거래를 추천한다.

번거로운 과정이지만, 안전한 보관을
위해 추가 인증은 필수다.

3 | 업비트와 카카오톡 계정 연동하기

업비트는 카카오톡 계정을 활용하여 간편하게 가입 및 로그인이
가능하다. 가입 이후에는 앞서 가입한 케이뱅크의 계좌번호를 원화
입출금 계좌로 등록하고, 네이버 또는 카카오톡/카카오페이를 통
해 2단계 추가 인증을 진행하자. (인증 단계에 따라 입출금 한도가 제한된다)

조금 번거롭더라도 본인의 디지털자산을 안전하게 보관하기 위
한 필수 절차이기 때문에 반드시 따라야 한다.

원화 입출금 한도

	KRW	
	1회	1일
입금	1억원	5억원
출금	5천만원	2억원

* 고객확인 완료 및 입출금계좌 등록 후 원화 입출금이 가능합니다.
* 1일 입출금한도는 매일 오전 0시에 초기화됩니다.
* 부정거래가 의심되는 경우 입출금이 제한될 수 있습니다.

디지털자산 입출금 한도

	디지털자산	
	2채널 미인증	2채널 인증
입금	무제한	
출금	1억원	50억원

* 고객확인 완료 후 입출금 이용이 가능합니다.
* 1일 입출금한도는 매일 오전 0시에 초기화됩니다.
* 부정거래가 의심되는 경우 입출금이 제한될 수 있습니다.

비트코인 매수 실천법 ②
전용 은행 → 거래소 원화 이체하기

 "거래소마다 전용 은행이 있네요. 월급이 신한은행으로 들어오는데 아예 코빗 거래소를 이용해봐야겠어요."

 "네 맞습니다. 각자 편하게 전용 은행과 거래소를 선택해보세요."

케이뱅크와 업비트 거래소 가입을 완료했다면 원하는 액수의 금액을 케이뱅크로 이체해보자. 만약 자신의 주거래 은행과 연계된 거래소가 따로 있다면 그곳을 이용해도 된다.

1 | 주거래 은행에서 케이뱅크로 원화 이체하기

필자는 주거래 은행이 국민은행이라서 케이뱅크로 우선 5만원을 이체했다.

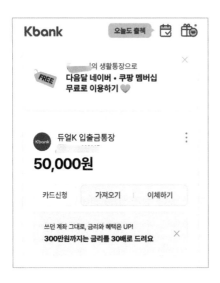

2 | 업비트 거래소 접속해서 원화 입금 요청하기

케이뱅크로 이체가 완료되면 업비트 거래소 앱에 접속해서 원화 입금을 요청하고 카카오톡으로 본인 인증을 완료한다.

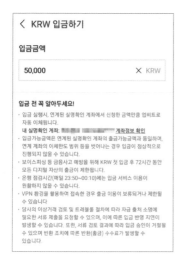

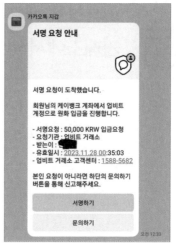

3 | 업비트 거래소 앱에서 원화 입금 확인하기

본인 인증 및 입금이 완료되면 아래와 같이 업비트 거래소 앱에서 실시간으로 원화 입금 내역을 확인할 수 있다.

비트코인 매수 실천법 ③
거래소에서 비트코인 매수하기

 "오늘부터 커피값 아껴서 매달 5만~10만원 정도 비트코인을 사고 싶은데 가능할까요? 비트코인은 1개에 수천만원 한다고 들었거든요."

 "비트코인 1개를 잘게 쪼개서 살 수 있습니다. 걱정하지 마세요."

비트코인 1개를 온전히 보유하는 걸 홀코이너(whole coiner)라 부르는데, 한 번에 1개를 매수하기에는 너무 비싸기 때문에 소수점 단위로 구매하는 걸 추천한다. 업비트 기준으로는 최소 5,000원부터 구매할 수 있으니, 우선 작은 돈으로 매수를 시작해보자!

1 | 거래소(업비트)에서 비트코인 검색하기

업비트 앱을 켜면 여러 코인들이 보인다. 아래쪽에 '거래소' 탭을 누르고 '원화(KRW)' 시장을 선택하고, '비트코인'을 선택한다.

2 | '주문' 탭에서 비트코인 주문 진행하기

'비트코인(BTC/KRW)'을 선택한 상태에서 주문을 진행하기 위해 '매수'를 누른다.

파란색 음영 박스는 매도 물량을, 빨간색 음영 박스는 매수 물량을 의미하며, 검은색 박스는 체결된 현재 가격을 의미한다. 매수 탭을 통해 원하는 가격과 물량을 지정하자.

① 지정(MAKER) : 원하는 가격으로
　　매수 주문 체결
② 시장(TAKER) : 현재 매도물량 중
　　가장 저렴한 가격으로 즉각 체결
③ 예약(예약주문) : 감시 가격에 도달
　　하면, 요청한 가격으로 체결

　　참고로 현재 업비트 거래소는 원화로 비트코인을 매수할 경우

거래수수료는 0.05%다. (2023년 11월 기준)

	일반주문		예약주문
	Maker	Taker	
KRW 마켓	0.139% → 0.05%		0.139%
BTC 마켓	0.25%		0.25%
USDT 마켓	0.25%		0.25%

- 거래수수료에는 부가세가 포함되어 있습니다.
- 거래수수료 계산방식: 체결금액(주문수량 x 주문가격) x 거래수수료율(%)
  - KRW 마켓 거래수수료는 소수점 둘째 자리까지 표시됩니다.
- 거래수수료 정산방식:
  매수 주문 시 정산금액 = 체결금액(주문수량 x 주문가격) + 거래수수료
  예시) 1BTC를 10,000,000원에 매수(거래수수료 0.139%) 시 내 계정에 1BTC 반영, 10,013,900원 차감
  매도 주문 시 정산금액 = 체결금액(주문수량 x 주문가격) – 거래수수료
  예시) 1BTC를 10,000,000원에 매도(거래수수료 0.139%) 시 내 계정에 9,986,100원 반영, 1 BTC 차감
- 거래수수료는 이벤트에 따라 달라질 수 있습니다.
- Maker/Taker 란?
  - Maker: 오더북 내의 즉시 체결되지 않는 조건의 매수/매도 잔량을 추가해주는 주문을 말합니다.
  - Taker: 오더북 내의 매수/매도 잔량을 즉시 체결 시키는 주문을 말합니다.

3 | '거래내역' 탭에서 체결 내역 확인하기

비트코인은 소수점 단위 구매가 가능하며, 금액 기준 최소 5,000 원부터 매수할 수 있다. '거래내역' 탭을 선택하면 체결, 미체결 내용을 구분하여 확인할 수 있다.

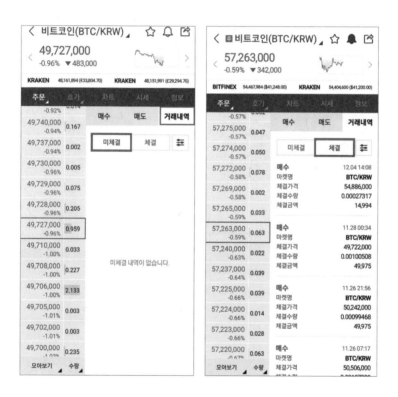

4 | '투자내역' 탭에서 보유자산 확인하기

이번에는 '투자내역' 탭을 선택해보자. 보유자산을 확인할 수 있으며, 원화와 비트코인도 구분할 수 있다.

① 보유수량 : 본인이 거래소에 보유 중인 비트코인의 총량
② 매수평균가 : 내가 비트코인을 구매한 평균 가격
③ 평가금액 : 현재 내가 보유한 비트코인의 가치
④ 매수금액 : 매수한 총금액

비트코인을 보관하는 2가지 방법
(ft. 암호화폐 거래소와 개인지갑)

 "비트코인은 눈에 보이지 않아서 실감이 안 나요. 잘 있는지 매번 확인해야 할 것 같고요."

 "맞아요. 보관이 제일 어렵죠. 비트코인은 거래소와 개인지갑 두 군데에 보관할 수 있습니다."

비트코인 투자에서 가장 어려운 부분은 바로 비트코인의 보관이다. 실물이 없기 때문에 어떻게 보관해야 할지 난감하다. 비트코인을 보관하는 방법은 첫째, 암호화폐 거래소에 비트코인을 보관하는 것과 둘째, 개인지갑으로 비트코인을 출금하여 보관하는 방법이 있다.

비트코인을 거래소에 보관하면 거래소가 소유하는 것?

일반적으로 대부분의 한국 사람들은 업비트나 빗썸과 같은 암호화폐 거래소를 통해 비트코인을 보관하는데, 이럴 경우 비트코인은 나의 소유가 아니라 거래소 소유라고 표현한다. 내가 샀지만 실물 점유를 거래소가 하고 있기 때문이다. 즉, 암호화폐 거래소에 비트코인을 보관하는 행위는, 금은방에 가서 금을 구매한 후 실물은 놔두고 영수증만 가지고 오는 것과 동일하다. 금을 잘 가지고 있는지, 어디 다른 곳에 쓰는 건 아닌지를 전적으로 금은방 사장님의 양심에 맡겨야 한다.

2022년 10월 발생했던 FTX 파산 사태를 살펴보자. 사람들이 많은 이자를 준다는 FTX 거래소의 마케팅에 현혹되어 비트코인을 송금했고, 거래소 CEO는 고객의 비트코인을 가지고 다른 데 투자하여 큰 손실을 입었다. 시장도 미숙하고 규제도 부족했기 때문에 발생한 사고이자 범죄였다. 이상함을 감지한 손님들이 비트코인을 돌려달라고 요구했지만, 이미 써버린 비트코인을 돌려주기에는 보유 수량이 부족했고, 뱅크런이 발생하며 당시 세계 2위 거래소가 파산까지 이르렀다.

개인지갑 보관은 스스로 책임!

위 사례만 가지고 비트코인을 국내 거래소에 보관하는 게 위험하다고 단정하기는 어렵다. 반대로 개인이 보관할 경우 부주의에 의한 분실이나 해킹은 누구도 책임져주지 않기 때문이다. 그래서 비트코인 보관 관련해서는 별도로 충분히 공부를 해본 후에 판단하는 걸 추천한다.

봉현이형은 비트코인을
어디에 보관하나요?

 "비트코인을 보관하는 것도 공부가 필요하다고요?
그래서 봉현이형은 어디에 보관하나요?"

 "저 역시 리스크 헷지 차원에서 여러 군데 나눠서 보
관하고 있습니다."

　　필자의 경우 비트코인을 거래소와 개인지갑 3개 정도에 분산하
여 보관 중이다. 개인지갑은 개인금고라고 생각하면 편하다. 엄밀
하게 말하면 비트코인이 개인지갑으로 이동하는 것은 아니고, 블록
체인에 보관 중인 내 비트코인에 접근하는 열쇠 같은 개념이다.

개인지갑 비교 사이트 - 더비트코인홀

개인지갑에는 정말 여러 종류가 있는데 제품마다 기업마다 특징
이 상이하고 금액대에 따라 선호도가 다르기 때문에 아래 사이트를
통해 비교해보고 본인에게 맞는 제품을 선택하는 걸 추천한다.

더비트코인홀 사이트에 접속하면 비트코인 개인지갑을 비교할
수 있는데, 디자인 및 사용성을 고려하여 선택하면 된다.

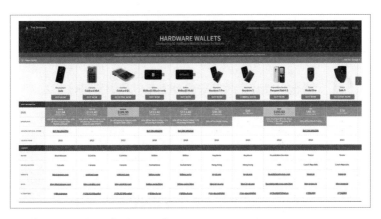

https://thebitcoinhole.com/hardware-wallets

개인지갑에 비트코인을 보관하는 방법도 여러 가지가 있는데,
사용자의 숙련도에 따라 달라지기 때문에 여기서는 가볍게 언급만
하고 162쪽의 영상 링크를 참고하길 바란다.

국내 거래소 ↔ 개인지갑 이동은 해외 거래소 경유가 필수!

(ft. 트래블룰)

 "봉현이형처럼 여러 군데 비트코인을 보관하다가 가져오려면 어떻게 해요? 그냥 계좌이체 하듯 하면 되나요?"

 "아니요. 국내 거래소에서 개인지갑으로 가져오려면 해외 거래소를 경유해야 해요."

비트코인에 한정할 경우, 해외 거래소를 사용하는 이유는 아직까지는 단 하나다. 바로 내가 국내 거래소에 보관 중인 비트코인을 개인지갑으로 대량 이동할 경우다.

암호화폐 100만원 이상 개인지갑으로 가져오려면?

국내의 경우 가상자산 투자로부터 사용자를 보호하기 위한 조치가 다른 나라에 비해 엄격하게 시행 중이다. 특히 자금세탁을 방지하기 위한 트레블룰*이 2022년부터 적용되어 100만원이 넘는 암호화폐를 개인지갑으로 출금하기 위해서는 해외 거래소를 반드시 경유해야 한다. 국내 거래소 중 일부가 개인지갑으로 바로 옮길 수 있으나 여러 가지 사유로 추천하지 않는다.

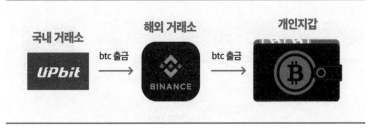

● **트레블룰** : 자금 이동 추적 시스템으로, 자금세탁을 방지하기 위해 송금자와 수신자의 정보 등을 기록하는 것을 말한다. 2019년 트레블룰 대상에 가상자산이 추가되었으며, 국내에서는 특정금융정보법에 따라 2022년 3월 25일부터 가상자산거래소에 가상자산 송수신인의 신원정보 기록을 의무화했다.

해외 거래소 주의점 - 분실 대처 조치 미비

필자의 경우는 전 세계에서 가장 거래량이 많은 바이낸스 거래소를 경유지로 사용하고 있다. 해외 거래소의 경우 도난이나 분실이 발생할 시 제대로 된 조치를 받지 못할 수 있는 점은 유의할 필요가 있다. 그래서 가급적이면 비트코인은 개인지갑에 보관하는 걸선호한다.

국내 거래소에서 해외 거래소로 비트코인을 송금하는 방법은 아래 봉현이형 유튜브에 올려놓은 영상을 참고하길 바란다.

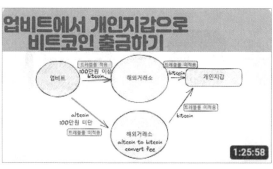

알트코인이 아닌
비트코인이 우선인 이유

 "봉현이형은 비트코인만 사는 거죠? 다른 것들은 왜
안 사는 거예요?"

 "비트코인이 가장 좋은 자산이어서 알트코인은 안 사
고 비트코인만 삽니다."

원고를 작성하고 있는 2023년 11월, 여전히 나는 매월 월급날마
다 일정 금액 비트코인을 매수하고 있다. 물론 알트코인에 투자한
경험도 있고, 소량 보유하고 있지만 의미 있는 수량은 아니다. 알트
코인의 존재나 가치를 부정하는 것은 아니지만 비트코인만 모으는
이유는 아주 단순하다. 바로 비트코인이 다른 알트코인들보다 더

좋은 자산이라고 생각하기 때문이다.

역사적으로 인간사회에서 가치를 갖는 모든 것들의 공통점을 살펴보면 바로 수요 대비 희소성인데, 비트코인은 네트워크 전체가 탈중앙화되어 있어 어느 누구도 임의로 규칙을 바꿀 수 없다. 한마디로 오너가 없다는 뜻이다. 그래서 누구도 임의로 비트코인의 발행량을 늘릴 수 없으며 2,100만 개라는 희소성이 구현되고 있고 앞으로도 유지될 가능성이 가장 높다. 비트코인에 대한 전 세계인의 수요만 지속적으로 늘어난다면 앞으로도 계속해서 높은 가치를 가질 수 있는 유일한 디지털자산이다.

알트코인을 안 사는 이유 ❶ 네트워크 규칙의 변동성

그 외 비트코인을 따라 만든 알트코인들의 경우 재단이나 특정 인플루언서에 의해 네트워크의 규칙이 수시로 바뀌어왔고 앞으로도 그럴 여지나 가능성이 있기 때문에 현재는 희소할 수 있어도, 나중에는 희소하지 않고 발행량이 변경될 가능성이 있다.

그리고 만약, 비트코인 이후에도 제2, 제3의 비트코인이라 불리는 알트코인 프로젝트가 비트코인과 유사한 희소성을 구현해낸다고 하더라도, 비트코인과 비교했을 때 역사성이 떨어지기 때문에 비트코인과 같은 가치를 갖기가 힘들다. 희소성이 동일하다면 그다음으로 중요한 건 역사성이다. 알트코인은 가장 먼저 발명되어버린 비트코인의 역사성을 따라가는 게 물리적으로 불가능하다. 우리 모두의 기억을 지워야만 가능하기 때문이다.

알트코인을 안 사는 이유 ❷ 희소성 미충족

나는 어떤 자산군을 투자하는 데 있어서 가장 희소하면서 역사성을 갖춘 자산부터 매수하는 걸 추천한다. 하지만 대다수의 사람이 너무 비싸다거나 이미 많이 올랐다는 이유로 더 저렴한 자산을 선택하고 이는 대부분의 상황에서 실수일 가능성이 높다.

알트코인을 안 사는 이유 ❸ 시가총액 상위 자산 X

시장은 단기적으로는 비이성적일 수 있지만 장기적으로는 가장 이성적이고 냉철한 공간이다. 가치가 없는 물건은 장기간 높은 평가를 받지 못한다. 높은 가격을 형성하고 있는 자산은 앞으로도 더 높은 가치를 가질 거라고 시장이 평가하기 때문에 비싸다. 암호화폐 시장에서 비트코인이 차지하는 비중을 살펴보면 전체 시장에서 50% 가까이 점유하고 있고, 탄생 이후 줄곧 시가총액 1위의 자리를 차지하고 있다.

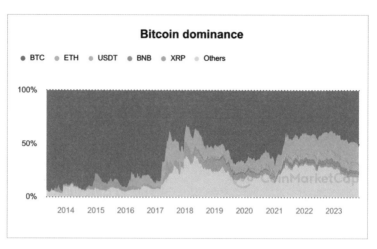

2023년 기준 암호화폐 시장에서 비트코인 비중은 50%를 넘어선다.

(출처 : https://coinmarketcap.com/charts)

내가 강남에 아파트를 사지 못했던 이유는 이미 너무 비쌌고, 안타깝게도 부동산은 비트코인처럼 분할매수가 불가능했기 때문이다. 우리는 본능적으로 가장 좋은 자산을 사야 리스크가 낮다는 걸알고 있지만 실천하기가 어렵다. 그래서 나는 주식에서도 시가총액 상위 종목부터 적립식으로 투자하여 유의미한 성과를 낼 수 있었고, 신생자산인 암호화폐 시장에서도 시가총액 상위 종목인 비트코인부터 투자하는 걸 권유한다. 그 후 디지털자산 시장에 대한 이해도가 높아진 다음에 작은 프로젝트에 투자하는 것도 늦지 않다고 생각한다.

#	이름	가격	1h %	24시간 %	7d %	시가총액 ⓘ
☆ 1	🅱 Bitcoin BTC	₩46,...98.24	▼0.40%	▲1.02%	▲2.17%	₩901,439,336,467,069
☆ 2	◆ Ethereum ETH	₩2,4...97.52	▼0.48%	▼0.86%	▲3.84%	₩295,653,839,483,336
☆ 3	🪙 Tether USDt USDT	₩1,309.21	▼0.15%	▲0.04%	▼0.30%	₩112,706,283,187,253
☆ 4	🟡 BNB BNB	₩320,909.48	▼0.32%	▼2.67%	▲8.49%	₩48,682,770,774,121
☆ 5	✖ XRP XRP	₩890.54	▼0.76%	▼1.23%	▲15.82%	₩47,746,813,149,578
☆ 6	Ⓢ USDC USDC	₩1,308.76	▼0.12%	▲0.03%	▼0.31%	₩31,966,738,842,665
☆ 7	🟢 Solana SOL	₩56,486.90	▼1.17%	▲4.78%	▲12.77%	₩23,775,392,786,682

암호화폐 시가총액 순위

비트코인 간접 투자
3가지 방법

 "봉현이형, 저는 쫄보라 비트코인 투자가 좀 무서워
요. 전자지갑에 잘 있을지도 걱정되고요."

 "그렇다면 비트코인 간접 투자는 어때요?"

비트코인을 매수하고 보관하는 방법이 아직 너무 낯설고 암호화
폐 거래소를 신뢰하지 못해서 거부감이 있는 투자자들은 다양한 방
법으로 비트코인에 간접적으로 투자할 수 있다.

비트코인 많이 보유한 회사에 투자(마이크로스트레티지)

비트코인을 많이 보유한 상장기업의 주식을 매수하는 방법이다. 현재까지 비트코인을 가장 많이 보유한 상장기업은 미국의 마이크로스트레티지(티커명 MSTR)로 회사의 자산과 현금을 팔아서 비트코인을 매수하고 장기 보유하는 전략을 취하고 있다. 2023년 11월 1일 기준, 마이크로스트레티지는 약 15만 8,400개의 비트코인을 보유하고 있으며 평균 구입 가격은 약 2만 9,609달러(약 3,900만원)다.

2023년 비트코인과 마이크로스트레티지 주가 현황

169

암호화폐 거래소 투자(코인베이스)

암호화폐에 직접 투자하는 대신, 암호화폐 거래를 중개하는 거래소 주식에 투자하는 방법도 있다. 미국의 코인베이스(티커명 COIN)는 코인마켓캡 기준 바이낸스에 이은 세계 2위 거래소로 평가받고 있으며 미국 기준 점유율 1위 거래소로 2021년 4월 14일 나스닥에 직상장했다. 코인베이스 상장은 암호화폐 산업의 중요한 분기점으로 평가되는데, 투기성 자산으로만 여겨지던 암호화폐가 처음으로 제도권 금융시장에 진출했기 때문이다. 미국 정부의 관리하에 관리감독을 받기 때문에 상대적으로 안전한 거래소로 평가받는다.

2023년 코인베이스 주가 현황

비트코인 채굴기업 투자(마라톤 디지털, 비트팜스, 허트8, 라이엇 블록체인)

비트코인 채굴기업에 투자하는 방법이 있다. 마라톤 디지털(티커명 MARA)은 북미 지역에서 가장 큰 규모의 비트코인 채굴 시설을 보유한 기업이며, 캐나다에 기반을 둔 비트팜스(티커명 BITF), 그리고 허트8(티커명 HUT)과 라이엇 블록체인(티커명 RIOT) 등이 있다.

해당 기업들은 말 그대로 비트코인을 채굴하는 업체로 이후 기업의 운영 전략이나 방향에 따라 비트코인을 시장에 매도하는 경우가 있기 때문에 기업의 재무제표와 경영상 이슈를 확인한 후 투자하는 걸 추천한다.

위와 같은 상장주식의 경우 비트코인 시세 외에도, 다양한 주식 시장의 변수에도 노출이 되는 부분을 감안하여 투자전략을 세우면 비트코인 직접 투자보다 높은 수익을 기대할 수 있다.

비트코인 공부할 때
유용한 사이트

 "비트코인을 비롯해 암호화폐는 시장이 확확 바뀌는 것 같아요. 조금만 게을러지면 뒤떨어지는 것 같아요."

 "여기저기 돌아다니지 않고 몇 군데만 딱 찍어서 꾸준하게 새로운 정보를 알 수 있는 방법이 있을까요?"

다음은 개인적으로 자주 들어가는 비트코인 웹사이트들이다. 여러분도 즐겨찾기 해보길 추천한다.

코인마켓캡 https://coinmarketcap.com/ko

세계에서 비트코인 관련해서 가장 많이 참고되는 곳으로, 주요
암호화폐 시세, 거래량 정보 확인, 전 세계 가상자산 거래소 정보
등 다양한 데이터를 무료로 제공한다.

코인니스 https://coinness.com

비트코인과 암호화폐 관련된 속보를 한글로 가장 신속하고 빠르
게 제공해준다.

비트코인 백서(한글 버전) http://bit.ly/bitcoin_kr

해당 웹사이트를 접속하면 비트코인 백서 한글 버전을 읽어볼 수 있다.

비트코인: 개인간 전자화폐 시스템 (P2P Electronic Cash System)

Satoshi Nakamoto
satoshin@gmx.com
www.bitcoin.org

Translated in Korean from bitcoin.org/bitcoin.pdf
by Seungwon (Eugene) Joong 정승원 - blockchainstudio.info

초록. 순수한 P2P(peer-to-peer) 방식의 전자화폐는 금융기관을 거치지 않고도 온라인 지불을 한 쪽에서 다른 쪽으로 직접 보낼 수 있게 해준다. 전자서명이 부분적 해결책을 제공하지만 만약 이중지불(double-spending) 문제를 방지하기 위해 신뢰할 수 있는 제3자를 필요로 한다면 주요 장점들이 사라지고 만다. 우리는 P2P 네트워크를 이용하여 이중지불 문제에 대한 해결책을 제시하려 한다. 이 네트워크는 거래(transaction)들을 해시(hash) 기반의 작업증명(proof-of-work) 체인(chain)에 해싱하여 타임스탬프(timestamp)를 찍어, 그 작업증명을 다시 하지 않고는 변경할 수 없는 기록을 만든다. 가장 긴 체인은 목격된 이벤트들의 순서에 대한 증명뿐만 아니라 그것이 가장 큰 컴퓨팅(CPU) 파워 풀에서 나왔음에 대한 증명 역할도 한다. 과반수(majority)의 컴퓨팅 파워가 네트워크 공격에 협력하지 않는 노드(node)들에 의해 제어된다면 그들이 가장 긴 체인을 생성하고 공격자들을 앞지를 것이다. 이 네트워크 자체는 최소한의 구조만을 요구한다. 메세지는 최대한 가능한 한도 내에서 (on a best effort basis) 브로드캐스트(broadcast)되며 노드들은 원한다면 네트워크를 떠났다가 가장 긴 작업증명 체인을 그들이 없던 사이에 일어난 일들에 대한 증명으로 받아들여 다시 합류할 수도 있다.

비트코인 매거진 https://bitcoinmagazine.com

영어가 익숙한 사람들은 비트코인 매거진을 추천한다. 비트코인에 대한 전 세계 주요 이슈와 뉴스, 전문가들의 칼럼이 가장 빠르게 업로드된다.

봉현이형 유튜브 채널

그 외 봉현이형 유튜브 채널을 통해서도 비트코인 투자 관련 중요한 내용들을 꾸준히 정리해서 공유하고 있다.

한 걸음 더!
- 봉현이형이 투자 전 추천하는 영상!

 "비트코인을 알면 알수록 경제와 정치, 생활 속에 많이 들어와 있다는 생각이에요."

 "맞아요. 정치와 경제는 뗄 수 없듯이, 비트코인도 마찬가지입니다."

다음은 비트코인이 어떻게 일상에 스며들고 있는지 살펴보면 좋은 영상이다. 비트코인을 투자하기 전에 한 번쯤 둘러보면 좋을 것이다.

1 | 기본소득과 비트코인 이야기

인공지능과 로봇 그리고 기본소득과 국가의 증세 환경이 어떻게
비트코인 투자로 연결되는지 설명한다.

2 | 전쟁 나면 내 주식을 미국에서 찾을 수 있을까?

국내 증권사를 통해서 보유 중인 미국 주식을 전쟁이 나면 타국
에 가서 찾을 수 있을까? 지정학적 리스크가 있는 지역의 사람들이
모으고 있는 비트코인에 대해 설명한다.

3 | 미국이 스테이블코인을 허용한 진짜 이유

미국이 달러를 계속 찍어내더라도 스테이블코인이 달러의 물량을 받아낼 수 있다는 내용. 암호화폐와 채권의 연관성을 설명한다.

4 | 부자들을 따라 하면 부자가 될 수 있을까?

이미 부자가 된 사람들의 방법을 그대로 따라 하면 부자가 될 수 있을까? 아니면 그 부자들이 앞으로 사야 할 자산을 먼저 매수하는 게 더 나은 대안일까? 저자가 공부하고 고민한 내용들을 정리한 영상이다.

5 | 2018년 미국 상원 위원회 비트코인 청문회 영상

블록체인 기술과 암호화폐 규제에 대한 청문회, 블록체인에 대한 이슈를 점검하고 최전방 실무자들의 회의 내용을 엿보는 재미가 있다.

6 | ETF 투자로 부자가 될 수 있을까?

나스닥100 지수를 추종하는 ETF가 앞으로도 유용할지를 풀어낸다. ACE 테슬라밸류체인액티브 ETF 구성 종목에 대해서도 언급한다.

7 | 건강보험료 때문에 은퇴 불가능한 대한민국

건강보험료와 비트코인에 대한 특이한 상관성에 대해 풀어낸 영상. 그만큼 우리 실생활에 가까이 다가온 비트코인.

8 | 주식 책을 쓴 작가가 비트코인을 모으는 이유

4차산업 우량주가 희소성을 가지고 우상향한다는 생각에 꾸준히 적립식으로 투자해왔다. 비트코인 역시 같은 가치를 가지고 있다고 판단하여 적립식 투자를 한다는 내용.

봉현이형이 생각하는
비트코인 가격 전망

 "응 봉현씨 좋은 이야기 잘 들었고요. 그래서 비트코인이 얼마까지 오르는 거죠? 비트코인 망한 거 아니었나요? 왜 이렇게 비싸죠?

 "지금도 비싸지만 앞으로 더 비싸질 거라고 생각해요!"

비트코인이 가치를 갖는 이유에 대해 신나게 설명하고 나서 마지막으로 듣는 질문은 가격 전망이다. 아무리 비트코인이 새로운 시대의 좋은 자산이라고 해도 결국 우리가 투자로 이루고 싶은 건 경제적인 이득이기 때문이다.

나 역시 평생 비트코인을 매수하고 모으기만 할 생각은 없다. 출근하기 힘든 날에는 업비트 앱을 열어보며 가격이 폭등하길 기도한다. 다만 짧지 않은 기간 동안 시장에 머무르며 느꼈던 건, 어떤 자산이든 단기적인 가격은 누구도 맞출 수 없다는 점이다. 그래서 나는 큰 방향에서 비트코인의 가격 전망을 희망을 담아 이야기해보고 싶다.

비트코인 시가총액이 삼성전자의 3배?

2023년 12월 말 기준, 비트코인은 1개당 5,400만원으로 총 발행량 2,100만개를 곱하면 시가총액은 대략 1,134조원이 된다. 이는 국내 최대 기업 삼성전자 시가총액의 3배 가까운 금액으로 비트코인에 대해 부정적인 사람들이 들으면 놀랄 만한 규모다.

나는 비트코인이 앞으로 우리가 살아가야 할 갈등과 분열의 시대, 동시에 가치관을 함께하는 사람들끼리 온라인으로 초연결되는 메타버스 세상에서 과거 5,000년 동안 인류의 가치저장 역할을 했던 금의 지위를 빠르게 대체할 거라고 생각한다.

인피니트 마켓캡(INFINITE marketcap) 사이트에 따르면 12월 말 전세계 금의 시가총액은 대략 1.5경원이다. 이중에서 반도체나 의료용도 등 산업 수요를 30% 정도라고 감안하면 순수하게 각국 중앙은행 지하 금고에 누워서 아무런 생산도 하지 않고 오직 가치 저장의 역할만 하는 금의 시가총액은 대략 1경원으로 추정해 볼 수 있다.

Rank	Name	Symbol	Market Cap	Price	24h	7d	Price (30 days)
☆ 1	Gold	GOLD	$13.542 T	$2,016	0.51%	-1.06%	
☆ 2	Microsoft	MSFT	$2.906 T	$391.13	0.43%	1.69%	
☆ 3	Apple	AAPL	$2.906 T	$188	2.91%	1.30%	
☆ 4	Saudi Aramco	2222.SR	$2.058 T	$8.51	0.47%	-2.89%	
☆ 5	Alphabet (Google)	GOOG	$1.801 T	$144.71	1.27%	0.72%	
☆ 6	Amazon	AMZN	$1.58 T	$152.98	0.84%	-1.42%	
☆ 7	NVIDIA	NVDA	$1.406 T	$569.31	1.57%	3.85%	
☆ ˅2 8	Silver	SILVER	$1.282 T	$22.78	0.47%	-1.06%	
☆ 9	Meta Platforms (Facebook)	META	$963.23 B	$374.82	1.75%	1.39%	
☆ ˄2 10	Bitcoin	BTC	$820.33 B	$41,850	-1.09%	-8.87%	
☆ 11	Berkshire Hathaway	BRK-B	$781.22 B	$359.01	-0.08%	-1.19%	
☆ 12	Tesla	TSLA	$666.87 B	$209.78	-2.68%	-7.68%	
☆ 13	Eli Lilly	LLY	$586.77 B	$618.11	-1.72%	-2.77%	

자산 시가총액 확인 사이트 인피니트 마켓캡(https://8marketcap.com)

비트코인과 금은 유사한 성격(희소성)을 갖고 있지만, 여러 면에서 비트코인의 성능이 더 뛰어나다. 금은 개인과 개인이 직거래할 때 위변조를 검증하기 어렵지만 비트코인은 가짜 비트코인을 보내는 게 불가능하다.

금은 물리적인 실체가 있어서 이동에 제한이 있지만, 비트코인은 물리적인 실체가 없음으로 인해 오히려 자유롭게 국경을 넘나들 수 있고 운반할 때에도 수량 제한이 없다. 화폐로서 사용하는 데 필요한 분할성도 비트코인이 금을 압도한다. 금은 개인이 거래할 때 원하는 수량만큼 쪼개기가 어렵지만 비트코인은 소수점 8자리까지 나눌 수 있기 때문에 작은 거래에도 유리하다.

비트코인 1개 가격은 약 5~10억원 예상

인간사회에서 더 나은 기술이 과거의 기술을 대체하는 건 중력과 같은 자연법칙이라 거스를 수 없다. 그 결과 비트코인은 인류 역사상 가장 오랜 기간 동안 가치 저장의 역할을 해왔던 금의 시가총액을 탄생한지 불과 15년 만에 10% 정도 따라잡았다.

가치 저장 역할에 있어서 금을 대체하는 비트코인이 앞으로 몇 년 안에 나머지를 따라잡을지 확언할 수는 없지만 현재 암호화폐, 그중에서도 비트코인에 투자하는 사람들이 10%가 채 안 되는 걸 감안하면 수용도가 급격하게 증가하는 구간에서 높은 가격 상승이 있을 거라 생각한다.

특히 자산시장 규모가 가장 큰 미국에서 현물 ETF가 승인된다면, 이후 게임이론*에 따라 다른 여러 국가에서도 ETF 또는 채굴

● **게임이론** : 경쟁 상대의 반응을 고려해 자신의 최적 행위를 결정해야 하는 상황에서 의사결정 행태를 연구하는 경제학 및 수학 이론. 이를 비트코인에 적용하자면, 전세계 모든 국가는 통화 주권을 위협하는 비트코인을 배척해야 하지만, 한두 국가가 수용할 경우 나머지 국가들도 비트코인 채택을 서두르는 게 자국에 이익이 된다.

기업을 통해 비트코인을 자국 내에서 보유하려는 움직임이 도미노처럼 이어질 수밖에 없고 다양한 곳에서 다양한 목적으로 비트코인에 대한 수요가 늘어날 경우 금의 시가총액을 따라잡는 데 대략 10년 정도면 충분할 거라고 예상한다. 그렇게 되면? 비트코인 1개의 가격은 대략 5억원이 된다!

게다가 금과 달리 계속해서 발행량이 줄어드는 특징까지 감안하고 동시에 같은 기간 동안 전세계 각국 중앙은행이 지금과 같은 속도로 화폐를 찍어낸다면 10년 뒤 비트코인 1개의 가격은 최대 10억원이 될 수도 있을 것 같다.

"비트코인은 무한히 상승할 만한 속성을 갖고 있다"

이후에도 지속적으로 인간사회에서 가치저장의 역할을 한다고 가정하고 시계열을 늘려보면 무한에 가까운 가격 상승도 기대해볼 수 있다. 지금 듣기에는 터무니없는 발언이라고 생각할 수 있지만, 가격이 아닌 비트코인의 본질에 집중한다면 불가능한 상상은 아닐 것이다.

비트코인과 이더리움의 차이점
(ft. Only 비트코인 투자)

 "시가총액 2등인 이더리움은 어때요? 아직 덜 올랐으니까 앞으로 더 오르지 않을까?"

 "제일 좋은 자산을 놔두고 두 번째로 좋은 자산을 살 이유가 있나요? 나는 1등 자산을 살래요.

암호화폐 투자를 시작했던 2017년 초에도 그랬고, 여전히 우리나라는 이더리움을 지지하는 사람들이 많은 것 같다. 대부분 국가에서 비트코인을 중심으로 투자하는 것과는 분명 차이가 있다. 명확한 통계가 없기 때문에 경험에 의존할 수밖에 없지만 송수신 기

능만 있는 비트코인을 1세대 암호화폐, 스마트 컨트랙트* 기능이
포함된 이더리움 등을 2세대 암호화폐라고 구분하면서 더 나은 성
능을 가진 암호화폐의 가치가 더 높아진다는 논리가 당시 우리나라
에서 대세였다.

나 역시 초창기만 해도 비트코인에 대해 완전히 이해하지 못했
고, 그래서 한때 25% 정도 비중으로 이더리움을 보유한 경험이 있
지만 현재는 100% 가까운 비중으로 비트코인에 투자하고 있다.

이더리움의 기능을 대체하는 비트코인

타인의 투자를 부정하거나 다른 자산을 배척할 생각은 없다.
2023년 기준 이더리움 시가총액은 350조원으로 삼성전자에 육박
하며, 블랙록이라는 전세계 최대 규모 펀드 운용사에서 현물 ETF
를 신청하는 등 정식 자산으로 인정받는 과정에 있다. 그래서 지금
보다 더 높은 가격을 가질 여지는 충분히 있다고 생각한다.

다만 비트코인 탭루트** 업그레이드 이후, 오디널스 프로토콜**
*을 통해 그동안 디지털 공간에서 NFT 발행을 전담했던 이더리움

* **스마트 컨트랙트(Smart Contract)** : 블록체인에서 일정 조건을 만족시키면 자동으로 거래
가 체결되는 기술. 오프라인 방식에 비해 거래 절차를 줄이고 비용도 절감할 수 있다. 예를 들
어 보험 회사와 병원은 스마트 컨트랙트 기능을 통해 환자 의무 기록은 보호하면서 보험료는
자동으로 지급하고 동시에 보험 서류 위조 등 사기를 방지할 수 있다.

의 기능이 비트코인 네트워크로 빠르게 이전되고 있다. 이는 2023
년 비트코인 NFT 오디널스의 거래량이 이더리움 기반 NFT 거래량
을 역전한 것을 보면 알 수 있다.

디지털 자산 시장에서 NFT는 예술품이자 권리증의 형태로 계속
해서 발행 및 유통될 거라고 생각하는데 사람들은 더 안전하고 강
력한 비트코인 네트워크를 선택하고 있다.

이더리움보다 탈중앙성이 강한 비트코인

또한 일반 소비자가 디지털 자산에서 기대하는 주요한 특징인
'탈중앙성'도 고려해야한다. 블록체인 기반의 암호화폐는 부동산이
나 주식과 달리 정부로부터 또는 거대 세력으로부터 영향을 받지
않는다는 차별점이 있다. 비트코인은 POW(Proof Of Work, 작업증명)
라는 합의 알고리즘을 통해 운영되는데, 이는 쉽게 말해 비트코인
을 아무리 많이 가진 사람이라고 하더라도 타인의 비트코인을 위변
조할 수 없고, 전체 네트워크의 규칙을 임의로 수정할 수 없다는 뜻

●● **탭루트(Taproot)** : 탭루트의 사전적 의미는 '곧은 뿌리'이며, 2021년 진행된 탭루트 업그레
이드는 비트코인 블록체인의 서명 알고리즘 개선과 네트워크 정보 보호 기능(프라이버시)
강화가 핵심이다.

●●● **오디널스 프로토콜(Ordinals Protocol)** : 이더리움에서 발행되던 대체불가토큰(NFT)을 비
트코인에서 발행하는 프로토콜. 2023년부터 비트코인 NFT인 오디널스의 거래량이 이더리
움 기반 NFT 거래량을 역전했다.

이다.

반면 이더리움의 경우 POS(Proof Of Stake) 지분증명* 방식으로 전환되면서 이더리움을 많이 가진 세력이 네트워크의 규칙을 임의로 바꿀 가능성이 높아지고 있다. 향후 자산운용사에서 이더리움 현물 ETF를 추진하여 이더리움을 많이 보유하게 될 경우 현재 국민연금이 여러 주식회사의 의결권을 대리해서 막강하게 행사하듯 이더리움 네트워크의 규칙에 관여할 여지가 분명히 있고 이는 개인에게 여러 측면에서 불리한 방향일 가능성이 높다.

위에서 언급한 우려스러운 일들이 향후에 실현될 경우 비트코인의 탈중앙적 성격, 실제 사용 사례 등이 더 부각되며 이더리움의 가치가 비트코인으로 더 빠르게 흡수될 수도 있다.

몇 문장으로 이더리움에 대한 내용을 전부 담을 수는 없지만, 그저 '비트코인 대비해서 더 싸니까 더 많이 오르겠지'라는 막연한 생각으로 투자하는 일은 없었으면 한다. 나는 더 높은 수익률보다는 소중한 월급의 구매력을 안전하게 미래의 나에게로 보내고 싶고 그래서 더 나은, 더 안전해 보이는 비트코인을 선택했을 뿐이다.

● **지분증명(Proof of Stake)** : 보유한 암호화폐 지분에 따라 비례하여 의사결정 권한을 주는 합의 알고리즘. 주주총회에서 주식을 많이 가진 사람에게 비례해서 의사결정 권한을 가지는 것과 유사하다. 대주주가 소액주주의 이익을 침해할 가능성이 높다.

그래서 나는 비트코인만 투자한다

나는 여전히 회사를 다니고 있고, 흔히 말하는 경제적 자유를 이룬 투자자는 아니다. 그래서 유튜브 등 외부 채널에 출연할 때는 얼굴을 가릴 수밖에 없다. 그리고 아직 성공을 검증받지 않은 투자자이기 때문에 누군가에게 영향을 미치는 것도 조심스럽다.

그럼에도 불구하고 블로그와 유튜브를 통해 내 생각을 공유하는 건 이미 부자가 된 다음에 철지난 투자방법을 공유하는 것보다 소신과 확신을 가지고 경제적 자유로 가는 과정에 있을 때 공부한 내용을 실시간으로 나누는 게 더 많은 사람들에게 가치를 줄 수 있다고 생각해서다.

과거에 부자가 된 사람들의 옛날 방법을 지금 적용한다고 해서 과연 똑같이 부자가 될 수 있을까? 앞으로 우리가 살아갈 시대에는 어떤 자산이 주목받을까?

"사이드미러만 보면서 운전할 수는 없다."

우리는 과거에 부자가 된 사람들을 통해 그들의 철학과 투자의 본질을 배우고, 변하는 세상을 관찰하면서 앞으로 10년 동안 수요가 지속되고 공급이 제한적인 자산에 투자해야 된다.

우리가 살아왔던 세상은 산업화와 세계화의 시대이며 모두가 한

마음 한뜻으로 아이폰을 싸게 만들기 위해 협력하던 시대였다. 원료 산지에서 1차 가공, 한국에서 2차 가공, 중국으로 다시 보내서 조립하고 전세계 80억 인구에게 수출하는 저비용 구조였다. 하지만 이런 협력의 결과로 국가 간 개인 간 빈부격차는 심해졌고, 환경은 파괴됐고, 질병이 확산되며 갈등이 점점 심화되고 있다. 실제로 여러 지역에서 지정학적 리스크가 커지면서 과거 최저비용만 추구했던 공급망 역시 분열되고 있다.

러시아 우크라이나 전쟁을 기점으로 중동지역의 정세도 불안해지고, 동시에 한반도와 대만, 중국의 갈등도 늘어나는 방향으로 기울어졌다. 그런 나라에서는 부동산과 주식이 더 이상 가치저장의 역할을 못할 가능성도 있다.

대부분의 선진국이 고령화로 접어들며 복지비용이 늘어나고 필연적으로 적극적 증세환경으로 변화하고 있다. 특히 우리나라는 압도적인 초저출산으로 정부는 가진 사람에게 더 많은 세금을 부과할 수밖에 없고 전통적인 인플레이션 헷지 수단인 부동산에 대해 각종 세금 및 비용이 늘어날 수밖에 없는 상황이다.

2023년 기준 아파트를 10채 가진 사람이 추가로 번 소득을 아파트에 투자하는 게 좋을지 아니면 비트코인에 투자하는 게 좋을지 비교해보자.

변화하는 흐름을 관찰해 보면 지금 부동산과 주식을 많이 가진 부자들의 다음 행동은 바로 비트코인이 될 수밖에 없고 우리는 그들보다 한발 앞서서 행동해야 원하는 바를 이룰 수 있다.

부동산 대신 주식에 투자하는 이유

봉현이형을 소개합니다

우리는 왜 투자해야 하는가?
화폐와 인플레이션,
그리고 내 구매력의 하락

1700년대 캔틸런과 2000년대 봉현이형의 평행이론

화폐 공급량이 늘어날 때 재화의 가격이 차별적으로 오르는 현상을 캔틸런 효과(Cantillon Effect)라고 한다.

1680년 아일랜드 출신 캔틸런은 시장의 재화 가격은 수요와 공급, 그리고 화폐 유통량에 따라 결정된다는 것을 깨닫고 자산 인플레이션을 간파하여 미시시피 회사의 주식 버블(Mississippi Bubble)로 큰돈을 번다.

특히, 모든 재화의 가격이 동시에 오르는 게 아니라 수요와 공급에 따라 차별적으로 시차를 두고 오르기 때문에 공급량을 쉽게 늘릴 수 없는 부동산과 주식이 먼저 오르고, 공급이 탄력적인 생필품이나 식료품은 늦게 오른다는 걸 간파했다.

식료품 가격이 오르는 시점이 곧 자산 거품이 꺼지는 시점이라고 판단한 그는 미시시피 회사의 주가가 주당 500리브르에서 1만 리브르까지 20배 이상 급등한 이후, 생필품 가격이 2배 이상 오르는 시점에 보유 중인 주식을 전량 매각하고 받은 종이화폐를 쉽게 공급량을 늘릴 수 없는 금화, 은화로 바꿔 큰 부를 이루고 프랑스를 떠난다.

우리가 투자를 해야 하는 이유는 투자를 하지 않으면, 법정통화의 유통량이 계속해서 늘어나고 인플레이션이 발생해서 우리의 구매력을 갉아먹기 때문이다. 은행에서 이자를 주지만, 실제로 많은 비용을 제외하고 남는 수익을 주기 때문에 은행 예적금만 가지고는 절대로 인플레이션을 장기간 이겨낼 수 없다. 우리가 살고 있는 2000년대는 캔틸런이 살았던 1700년대의 연장선에 불과하다.

왜 비트코인 전도사가 되었느냐고 물으신다면…

비트코인뿐만 아니라 주식 등 자산에 대한 투자를 강조하며 주변에 이야기했던 이유는 단순히 부를 늘리기에 앞서, 하루하루를 성실하게 살아가는 사람의 노후와 미래가 인플레이션에 의해 훼손되는 현실이 안타까웠기 때문이다.

성실하고 정직하셨던 우리 할아버지 할머니, 부모님이 아파 쓰러지기 직전까지 노동에 시달려야 했던 이유를 깨닫고 나는 그런 실수를 반복하고 싶지 않았다. 적어도 내 주변 사람들, 내가 사랑하는 사람들은 그런 고통에서 빠져나오길 바라는 마음이었다.

우리나라에서 투자한다는 사실을 주변에 알리는 건 어떤 경우에서도 이익이 되는 행동은 아니다. 투자가 잘 안되면 무시당하고, 잘못하다간 원망을 받는다. 반대로 투자가 잘되면 부러움과 질투의 대상이 되기 때문에 주변 사람들은 내가 비트코인과 우량회사의 주식투자를 권유하는 행동을 의아해한다.

"봉현씨 그렇게 좋은 거면 혼자 알면 되지
도대체 왜 그렇게 설명해주는 거예요?"

듣기 싫다는 사람들에게까지 알려주고 싶은 마음은 당연히 없기에 눈치를 보면서 이야기하지만, 내가 비트코인에 투자하고 사실을 알리고 공유했던 건, 비트코인이 그만큼 좋은 자산이라는 확신이 있어서였고 같이 잘되고 싶은 마음에서였다.

"수요가 지속되고 공급이 제한적인 자산의 가치는 상승한다.
우리는 그런 자산을 찾아 노동의 가치를 저장하고
미래의 나에게 가치 훼손 없이 전송해야 한다."

모두가 다 같이 잘될 수는 없는 걸까?

회사에 들어오기까지 모든 과정이 힘들었고 입사 후에도 끝없이 이어지는 경쟁상황에서, 나는 '모두가 다 같이 잘되는 방법은 정말로 없는 걸까?'라는 고민을 많이 했었다. 근본적으로 우리가 예민한 이유는 생존에 대한 위협 때문인데, 같이 열심히 일하고 좋은 투자 정보를 공유하고 각자 그릇만큼 미래를 위해 적립식 투자를 실천하면 힘든 현실도 웃으면서 넘을 수 있을 거라고 생각했다.

초중고 대학교 시절부터의 경쟁이 회사에서까지 이어지다 보니, 나는 사실 번아웃이 심하게 왔었고, 도피처로 주식과 비트코인에 관심을 갖게 됐다.

해외 주식 투자와 비트코인 투자의 장점은, 우선 우리가 한마음으로 목표를 바라볼 수 있게 해준다. 그리고 더 나은 미래를 이야기하면 현재가 조금 고단해도 견뎌낼 힘이 된다. 그런 의도를 온전히 이해해준 사람도 있고, 오해한 사람도 있지만 한두 사람에게라도 도움이 되길 바라는 마음으로 퇴근 후 틈틈이 블로그와 유튜브를 통해 내 생각을 공유하고 있다.

비트코인은 여전히 미지의 자산이다. 지난 코로나 유동성 장세에서 일시적으로 8,000만원을 찍고 올해 초 2,000만원, 그리고 이 책의 원고를 마감하고 있는 2023년 11월 현재는 4,000만원 후반대에 위치한다.

블록체인과 암호화 기술을 활용해 디지털 공간에서 희소성과 역사성을 구현해낸 비트코인은 서울 부동산, 테슬라, 애플 주식과 더불어 우리가 앞으로 살아가야 할 갈등과 분열의 시대, 가치관이 파편화된 새로운 세상에 딱 맞아떨어지는 우량 자산이라고 생각한다.

특히나 비트코인은 전통적인 자산군인 부동산과 주식이 갖지 못한 '탈중앙화'를 디지털상에서 구현해냈고 그로 인해 인터넷으로 초연결된 세상에서 더 많은 사람에게 주목받을 여지가 분명하다. 그래서 꾸준히 매수하고, 앞으로도 매수하고 얼마가 될지 모르지만 꽤 오랜 기간 보유할 계획이다. 이 책이 얼마나 많은 사람에게 긍정적인 영향을 끼칠지는 모르겠지만, 아주 오랜 시간이 흐른 뒤 몇 안 되는 사람들에게라도 고맙다는 인사를 들을 수 있으면 좋겠다. 그 정도면 충분히 의미 있는 일이 될 것 같다.

봉현이형

■ 비트코인을 가장 저렴한 수수료로 개인지갑 이동하는 방법(전자책.PDF)

"비트코인 투자의 본질은 수익률이 아니라
재산권을 온전히 나에게 가져오는 것"

■ 텔레그램(우리 엄마도 따라하는 초보자용)

비트코인을 이제 시작하는 초보자들을 위한 자료 공유방
"비트코인을 투자하는 데 필요한 다양한 지식을 쉽게
설명하는 모임"

맘마미아 재테크 시리즈

맘마미아 월급재테크 실천법

맘마미아 지음 | 588쪽 | 18,000원

이 책대로 하면 당신도 월급쟁이 부자가 된다!

• 통장관리, 가계부 작성, 예적금, 펀드, 주식, 경매 총망라!
• 금테크, 환테크, P2P투자 등 재테크 최신 이슈 추가!

| 부록 | 금융상품 Top 3/연말정산/청약/전세살이/보험 수록

맘마미아 푼돈목돈 재테크 실천법

맘마미아 지음 | 376쪽 | 15,000원

누구나 푼돈으로 월 100만 원 모으는 비법!

• 네이버 No.1 월재연 카페 성공사례 총망라!
• 식비 30만 원 절약법+고정지출 20만 원 절약법+
  부수입 50만 원 버는 법 총정리!
• 푼돈목돈 재테크 금융상품&앱 Top 3 소개

맘마미아 가계부(매년 출간)

맘마미아 지음 | 204쪽 | 12,000원

100만 회원 감동 실천! 대한민국 1등 국민가계부!

• 초간단 가계부! – 하루 5분 영수증 금액만 쓰면 끝!
• 절약효과 최고! – 손으로 적는 동안 낭비 반성!
• 저축액 증가! – 푼돈목돈 모으는 10분 결산 코너

| 부록 | 영수증 모음 봉투/무지출 스티커/'무지출 가계부' 실천법 7

돈이 된다! ETF 월급 만들기

**100만 월재연 열광!
ETF 풍차 돌리기로
10% 수익 무한 창출!**

- ETF 풍차 돌리기 선구자 투생의 강의가 책으로!
- 기계적으로 수익 실현! 월급처럼 현금이 꽂힌다!
- 투생의 지속 가능 10% 수익 실현 대공개!

투생(이금옥) 지음 | 18,000원

돈이 된다! 급등주 투자법

**월급쟁이도 주식으로
월 500만 원 창출!**

- 월재연 100만 회원 열광, 한경TV가 주목!
- 월수익 500만 원 디노의 급등주 투자법
- 누구나 한 달에 500만 원 수익 내는
  초단기 투자법 대공개!

디노(백새봄) 지음 | 18,800원